扬州刻书

徐忆农·著

符号江苏·口袋本

YANGZHOU KESHU

江苏凤凰美术出版社

图书在版编目（CIP）数据

扬州刻书 / 徐忆农著. -- 南京 : 江苏凤凰美术出版社, 2024.3
（符号江苏 : 口袋本）
ISBN 978-7-5580-9643-3

Ⅰ. ①扬… Ⅱ. ①徐… Ⅲ. ①刻书–图书史–扬州 Ⅳ. ①G256.22

中国国家版本馆CIP数据核字（2023）第209016号

责任编辑	朱晓燕
装帧设计	赵　秘
设计指导	曲闵民
责任校对	吕猛进
责任监印	张宇华

书　　名	扬州刻书
著　　者	徐忆农
出版发行	江苏凤凰美术出版社（南京市湖南路1号　邮编：210009）
制　　版	南京新华丰制版有限公司
印　　刷	南京新世纪联盟印务有限公司
开　　本	787mm×1092mm　1/32
印　　张	5.75
版　　次	2024年3月第1版　2024年3月第1次印刷
标准书号	ISBN 978-7-5580-9643-3
定　　价	45.00元

营销部电话　025-68155675　营销部地址　南京市湖南路1号
江苏凤凰美术出版社图书凡印装错误可向承印厂调换

"符号江苏"编委会

主　任　张爱军
副主任　赵金松　章朝阳　胡　竹　徐　海

委　员　张潇文　樊　明　陈　敏　龚文俊
　　　　周　彬　王林军　刘沁秋　白立业
　　　　徐　辰　舒金佳

目 录

引言 书香扬州

第一章 刻书小史
第一节 始兴时期（唐至五代）············ 004
第二节 延续时期（宋元）················ 014
第三节 发展时期（明清至民国）·········· 022
第四节 复兴时期（当代）················ 048

第二章 书苑英华
第一节 宋元珍椠······················· 057
    北宋吴守真捐刻本《金刚般若波罗蜜经》··· 058
    南宋高邮军学刻本《淮海集》············ 064
    南宋淮东仓司刻本《注东坡先生诗》······ 068
    元扬州路儒学刻本《石田先生文集》······ 074

第二节	明清佳作 ……………………………	077
	明两淮都转运盐使司刻本《古今廉鉴》…	078
	清扬州诗局刻本《全唐诗》……………	080
	清扬州刻本《虬峰文集》………………	084
	清阮氏积古斋刻本《钟鼎款识》………	087
	清魏氏古微堂刊印本《海国图志》……	092
第三节	当代精品……………………………	100
	影宋刻本《唐女郎鱼玄机诗》…………	101

第三章 工艺流程
第一节	雕版印刷……………………………	111
第二节	活字印刷……………………………	122
第三节	套色印刷……………………………	129

第四章 文脉绵延
第一节	经典传承……………………………	143
第二节	域外流芳……………………………	151

引　言　书香扬州

扬州是国务院公布的首批二十四座历史文化名城之一。今日扬州位于江苏省中部、长江下游北岸、江淮平原南端，现辖邗江、广陵、江都3个区，高邮、仪征2个县级市和宝应县。大约距今7000年至5000年前，淮夷人就在扬州一带劳动生息。据《左传》记载，春秋时期，鲁哀公九年（前486）秋，吴国筑邗城，开邗沟，连通长江、淮河，这是中国有明确记载最早开通的人工运河。邗城大致在今扬州市区西北部，自此时算起，扬州已有2500余年的建城史。战国时期此地称广陵，秦设广陵县，至汉代，称广陵、江都，长期是诸侯王的封地。南朝宋置南兖州，北周改吴州。隋开皇

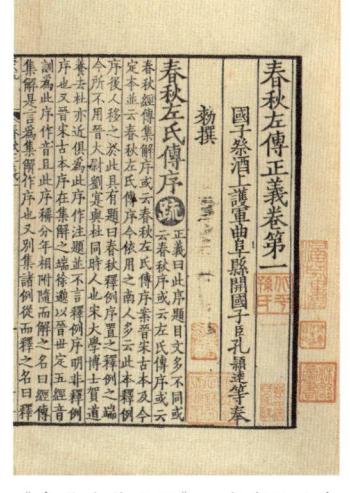

《春秋左传正义》　宋庆元六年（1200）绍兴府刻宋元递修本

《春秋左传正义》 宋庆元六年（1200）绍兴府刻宋元递修本

年间改吴州为扬州，至此，完成了历史上的扬州和今天的扬州在名称、区划、地理位置上的基本统一。在此之前，"扬州"之名已出现在典籍中，但并不是指现在的扬州市。如"扬州"之名最早出现在《尚书·禹贡》中，此"扬州"为古"九州"之一，包括了中国东南的广大地区。西汉时期，"扬州"为汉武帝所置十三刺史部之一，辖区广阔，但今天的扬州之地不在其内，而是属于徐州刺史部。南朝梁殷芸《小说》中的名句"腰缠十万贯，骑鹤上扬州"时常被人引用，而此"扬州"指六朝时期扬州刺史的治所建业（后名建康，今南京）。总之，"扬州"这一地名辖境，在历史上经历了多次的变更，自隋唐以来才开始指称今日扬州。

隋炀帝时，开大运河连接黄河、淮河、长江，扬州成为水运枢纽，奠定了唐代扬州空前繁荣的基础。唐代扬州农业、商业和手工业相当发达，是中国东南第一大都会，时有"扬一益二"之称（益州为成都古称）。唐末五代，军阀混战，扬州遭到严重破坏。北宋建立后，农业、手工业迅速发展，商业进一步繁荣，扬州再度成为中国东南部的经济、文化中心，与都城开封相差无几。南宋时期，扬州地处抗金、抗元前沿，在局势相对稳定的时期，扬州的经济、文化又不断恢复发展。元、明两代，扬州经济发展加快。清代，康熙帝和乾隆帝多次"巡幸"，使扬州出现空前繁华，成为当时中国八大城市之一，也是18世纪末、19世纪初世界十大城市之一。19世纪中叶以后，由于运河淤塞，南北海运、铁路运输兴起，加上其他方面的原因，扬州在经济上的优势逐渐减弱，但在文化上所取得的成就仍令人瞩目。

作为长江、运河的交汇点城市，扬州自古繁华，积淀下深厚的文化底蕴。回顾2500年的辉煌历史，我们能够真切感受到扬州是一个飘溢着浓郁书香的地方。春秋时期，扬州以邗城、邗沟被典籍记载而登上历史舞台，其后，扬州以不同时期之名接连不断出现在历代各类典籍之中。与此同时，扬州人和寓居此地之人共同记录历史，整理文献，著书立说，珍藏秘籍，刊行图书；在数千年的发展过程中，扬州成为文献荟萃之邦，名家辈出，名作争辉，令他乡学人艳羡不已。

扬州记忆流传千载

古往今来，历代记录扬州疆域沿革、自然条件、经济物产、社会政治、文化教育、语言文字、风土人情、名胜古迹等的各类文献，品类丰富，卷帙浩繁。有方志、专志、传记、谱牒、笔记、杂著、野史、游记、小说、戏曲、诗文集、论著等专门著作，其中有些早期著作，如汉代《广陵郡图经》、宋代《扬州图经》《仪真志》《高邮志》等，均已散失，而《嘉靖惟扬志》《万历江都县志》《嘉靖两淮盐法志》《广陵琼花志》《扬州十日记》《扬州画舫录》《清代扬州学记》等大量著作皆广传于世；也有从"二十五史"、《太平寰宇记》《嘉庆重修大清一统志》等历代史籍中辑录出的有关篇章，如《宋史》中的《徐铉传》、《嘉庆重修大清一统志》中的《扬州府》等；又有各类典籍中收录的相关诗词文赋，如西汉枚乘《观涛》、三国曹丕《至广陵马上作》、南朝宋鲍照《芜城赋》、北宋欧阳修《大明寺水记》、南宋词人姜夔《扬州慢》、清代汪中《广陵对》、民国朱自清《说扬州》等，以及日本井上靖《再访扬州》等；还有各种典籍中的与扬州有关的名句佳语，如

《左传·哀公九年》云:"秋,吴城邗,沟通江、淮。"这句话不足十字,却记录了扬州有文字可考的历史已长达2500余年。另外,唐代大诗人李白的"烟花三月下扬州"被誉为"千古丽句",而唐代杜牧的"二十四桥明月夜",徐凝的"天下三分明月夜,二分无赖是扬州"等,也都是家喻户晓的著名诗句。这些专著、名篇、佳句,记录了扬州千百年的沧桑巨变,为扬州留下了永恒不灭的记忆。

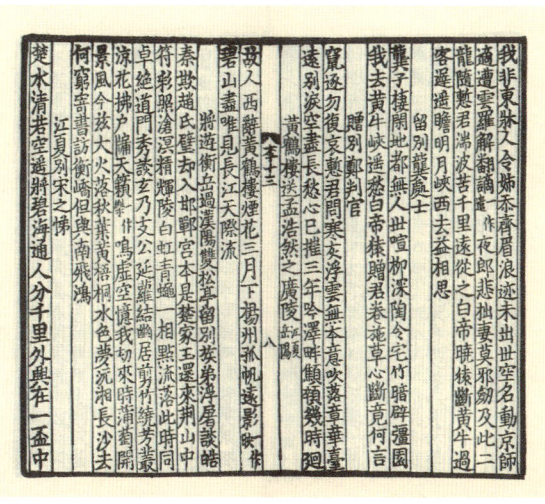

《李太白文集》 宋刻本

扬州著述播散四方

扬州自古学术文化繁荣,历代扬州籍及外地定居扬州人士撰写、编辑、注释的著作众多,蔚为可观。时至今日,新近出版的《江苏艺文志》(增订本)按现行划分的行政区域,著录上古至1949年江苏籍作者著作,酌收外省流寓并定居于江苏的作者著作。全书28册,收录作者29 617人、著作85 309种,其中《扬州卷》2册,收录作者2236人、著作6811种。这些著作有不少为传世名作。如南朝梁萧统编著《文选》是中国现存最早的诗文总集。唐代江都人李善在吸收前人成果的基础上,重新注释《文选》,旁征博引,为后人保存了大量重要文献资料。又如东汉许慎著《说文解字》是中国第一部系统完备的字典,也是世界最古的字书之一。五代末宋初的广陵人徐铉和徐锴兄弟并称"二徐",皆为"说文学"大家,徐铉校订的《说文解字》世称"大徐本",徐锴所著《说文解字系传》

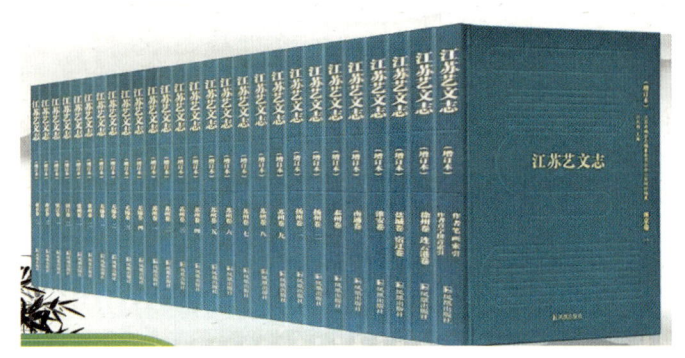

《江苏艺文志》增订本　凤凰出版社　2019年版

世称"小徐本",二书在《说文解字》的流传过程中具有里程碑式的意义;而徐锴所著《说文解字韵谱》,在《说文解字》的传承和研究史上亦占有重要的位置。数百年后清代"说文学"的勃然兴起,首先要归功于二徐对于《说文解字》的整理刊定。再如北宋高邮人秦观以词著称,他的词作名篇收录于《淮海居士长短句》之中,而元代扬州人睢景臣的《高祖还乡》是元代散曲中的名篇,明末清初梁于涘、扶纲等辑《铁桥志书》是中国古代重要的桥梁专著。清代是扬州学术极盛的时期,以汪中、焦循、阮元和王念孙、王引之父子为代表的扬州学派,在学术界产生了极大的影响。如《续修四库全书》是著名学者顾廷龙、傅璇琮主编的大型古籍影印丛书,全书收录《四库全书》漏收、未收、禁毁之书及《四库全书》成书后问世的清人著作5213种,其中有扬州学派核心人物的重要著述达170余种。与此同时,还有不少硕学名家寄居在扬州时留下的精品力作,《江苏艺文志》并未收录。如湖南邵阳人魏源寄居江苏扬州,编著了亚洲第一部系统叙述世界史地的名著《海国图志》,书中主张学习西方的科学技术,提出"师夷长技以制夷",对当时和后来的思想界有很大影响,对日本明治维新和朝鲜开化思想的形成也产生了一定影响,其深刻的思想对今天仍具有启发意义。不可否认,此类著作也是扬州学术文化重要的组成部分。

扬州珍藏存真扬学

扬州地区自古藏书风气浓厚，各类藏书楼众多，名闻遐迩。清代乾隆年间下诏征求海内藏书助修《四库全书》，其最多者为浙江之鲍士恭、范懋柱、汪启淑和两淮之马裕四家，马裕即是扬州小玲珑山馆马氏兄弟马曰璐之子。当时，扬州小玲珑山馆马氏以776部列为全国进书之冠，为此得到朝廷赏赐《古今图书集成》一部。马曰琯、马曰璐兄弟为安徽祁门人，以业盐居扬州。家有小玲珑山馆，藏书十万卷，富甲东南。《四库全书》修成后，缮写七部，分藏文渊、文源、文津、文宗等北方四阁，以及文汇、文溯、文澜等江南三阁，其中文汇阁在扬州。江南三阁可以公开阅览，因而发挥了"嘉惠士林"的作用。四库七阁之书，迄今存毁各半，其中扬州文汇阁之阁书同毁于战火。20世纪初，原藏于官府和私宅的珍贵文献大量涌入公立图书馆。自2007年中华古籍保护计划启动实施以来，经过各方面的不懈努力，我国古籍保护工作取得了令人瞩目的成就，先后评选并由国务院及文化和旅游部命名了6批共203家"全国古籍重点保护单位"，其中扬州地区有两家图书馆入选：一是扬州大学图书馆，收藏古籍10.1万册；二是扬州市图书馆，收藏古籍13.2万册。江苏现有古籍450多万册，两馆所藏约占全省藏量5.2%。与此同时，国务院及文化和旅游部先后公布了6批《国家珍贵古籍名录》，全国485家机构与个人收藏的13 026部古籍入选，扬州地区有4家单位的88部古籍入选，这些古籍具有特别重要的文献价值、文物价值、艺术价值，其中不乏稀世珍本。如扬州市图书馆收藏的宋宝祐二年（1254）刻元明递修本《致堂读史管见》，元至正元年（1341）日新书堂刻本《朱子成书》，元至正元年（1341）高仲文刻明修本《文章正宗》，明闵振业刻三色套印本《古诗归》，而元刻本《晋书》有著名学者罗振玉跋，明嘉靖仿宋刻本《五代名画补遗》有"扬州八怪"之一高凤翰跋。再如扬州大学图书馆收藏的明万历程荣刻汉魏丛书本《新书》有清代经学家孙志祖校并跋。另如扬州市博物馆藏明刻本《新刊明本大字孝经》，宝应县图书馆藏明万历三十年（1602）陈汝元函三馆刻本《国史经籍志》。这些古籍得到了重点保护，为守护中华优秀传统文化发挥了继绝存真、传本扬学的积极作用。

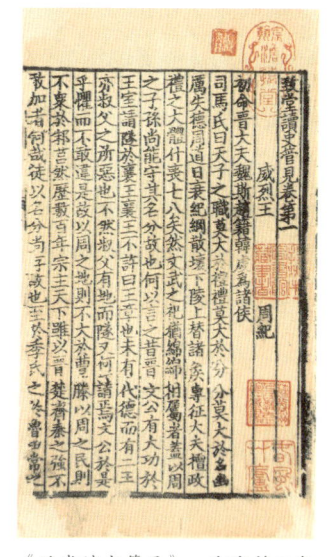

《致堂读史管见》　宋宝祐二年（1254）刻元明递修本

扬州刻书享誉天下

英国哲学家培根在《新工具》一书中写道:"……印刷、火药和磁石,这三种发明已经在世界范围内把事物的全部面貌和情况都改变了。……并由此又引起难以数计的变化来;竟至任何帝国、任何教派、任何星辰对人类事务的力量和影响都仿佛无过于这些机械性的发现了。"中国是印刷术的起源国,中国传统印刷术中的雕版、活字及套色三项主要技术都与扬州有着密切关系。扬州自古出版发行业相当兴盛,印制的图书精致美观而能传之久远。学者一般认为雕版印刷术大约起步于唐代前期,据日本学者研究,8世纪唐代鉴真和尚就将《百万塔陀罗尼》印制技术从扬州传至东瀛。又如唐代诗人元稹为白居易《白氏长庆集》作序云:"《白氏长庆集》者,太原人白居易之所作……然而二十年间禁省观寺、邮候墙壁之上无不书,王公妾妇,牛童马走之口无不道。至于缮写模勒,衒卖于市井或持之以交酒茗者,处处皆是(扬越间多作书模勒乐天及予杂诗,卖于市肆之中也)。"这里的"模勒"二字,不少学者即释为雕版印刷。元稹的记载为唐长庆四年十二月十日,即825年初,早于现存唐咸通九年(868)刻《金刚经》,若可采信,这一序言就是目前所知最早记载确切日期的印刷史料。因此扬州很可能是中国印刷术起源和最早向海外传播的地区之一。另外，人类历史上第一次记载活字印刷术的《梦溪笔谈》首版是在扬州刻印的，使扬州成为最早将活字印刷术向四方扩散的地区。套色印刷术在12世纪以前就诞生于中国，17世纪前期的明末，南京出现了以"饾版"和"拱花"印制的《萝轩变古笺谱》与《十竹斋笺谱》，把世界多版套色印刷术推进到一个新的高峰。而18世纪中叶以后欧洲才第一次采用拱花技术，比中国晚了至少一个世纪。2019年，南京十竹斋画院推出己亥重刊《十竹斋笺谱》，全部笺谱的笺画与文字内容以中国国家图书馆藏明末原版为底本，由广陵书社雕版印刷传习所工艺美术大师刘坤先生领衔的20余人团队刊刻刷印，重刊本面向全球公开发行，陆续入藏海内外知名图书馆、博物馆，得到众多专家学者的认可与好评。这些雕版、活字、套色印本的代表作，可以展示扬州出版业在中国乃至世界印刷史上所发挥的重要作用。

2006年5月，由江苏省扬州市申报的"雕版印刷技艺"入选经国务院批准文化部确定的第一批国家级非物质文化遗产名录，保护单位为扬州广陵古籍刻印社。2007年6月，文化部公布了第一批国家级非物质文化遗产项目代表性传承人名单，扬州广陵古籍刻印社陈义时先生位列其中。2009年，"中国雕版印刷技艺"被列入联合国教科文组织公布的人类非物质文化遗产代表作名录。此项目是由扬州广陵古籍刻印社、南京金陵刻经处、四川德格印经院三家单位联合申报的。据中国非物质文化遗产网介绍："雕版印刷技艺是运用刀具在木板上雕刻文字或图案,再用墨、纸、绢等材料刷印、装订成书籍的一种特殊技艺,迄今已有1300多年的历史,比活字印刷技艺早400多年。它开创了人类复印技术的先河,承载着难以计量的历史文化信息,在世界文化传播史上起着无与伦比的重要作用。"我们知道,金陵刻经处创办于清同治五年(1866),而德格印经院建立于雍正七年(1729),因此,中国雕版印刷技艺1300多年的历史显然与扬州不仅血脉相连,而且一路相伴。

那么,哪些刊行的图书属于扬州刻书的范围呢?中国传统印刷术包括雕版、活字及套色三项主要技术,其中活字和套色两项技术不仅是在雕版印刷技术基础上发展起来的,而且都包含有雕刻技术,因此扬州地区三项技术刊行的图书都属于扬州刻书的范围。

与此同时,2008年版国家标准《古籍著录规则》中规定,著录刻本、活字本时,出版地指刻印书主持者所在地;出版者指刻印书主持者(刻书主持者室名、堂名、斋号等信息可与其名称一并著录)。中国古代长期存在"异地为官"的普遍现象,地方各级官员,从最底层县级开始,都由朝廷任命,而且异地为官。清朝就规定"不得官于其乡五百里以内"。如魏源是湖南邵阳人,官至高邮知州,他寄居扬州时编著的《海国图志》,也是在扬州刊行的,因而可称扬州刻书。再如清朝名臣阮元是仪征人,出生于扬州,他在主持刻印书时署称"仪征阮氏"或"扬州阮氏"等。他历任浙江、河南、江西巡抚,湖广、两广、云贵总督。他在任浙江巡抚时,主持刻印《钟鼎款识》,署称"扬州阮氏积古斋",《中国版刻图录》明确将此书刻版地区标为"扬州"。而在广东任两广总督时,创办学海堂,刊刻《皇清经解》,全书把清代75位学者所著180种训释儒家经典著作汇刻成编,对清代学术的发展影响极大。虽然学界一般将此书著录为"广东学海堂刻本",但据学者研究统计,此书收集了王懋竑、李惇、刘履恂、刘玉麟、任大椿、王念孙、汪中、刘台拱、朱彬、江藩、焦循、阮元、王引之、凌曙、阮福等15位扬州学者的著作,明显包含了刻印书主持者的意愿和地域偏好。而扬州学派集体"出圈"显

《皇清经解》 清道光九年(1829)学海堂刻本

然与阮元刻此书有密切的关联，因而此书具有双重地域特征，可以看作是扬州刻印书主持者在异地的刻书成果。

另外，雕版印刷的核心技艺为写样、雕刻、刷印三个环节，除此而外，活字印刷另增造字、排版等环节，而套色印刷术另增分版、套印等环节。这些核心技艺直接决定着刻书风格和质量的优劣，而一部书的实际刻印地与写样、雕刻、刷印者所在地密切相关。如清嘉庆八年（1803）江都秦恩复石研斋刻本《列子》，此本卷末题"甘泉吴涟写"，吴涟为写样者，清代甘泉于民国初并入江都。秦恩复为清代著名校勘家，其辑校汇刻了多种书籍，因选良工写样雕刻，又校勘精良，世称"秦版"。又如清乾隆五十七年（1792）

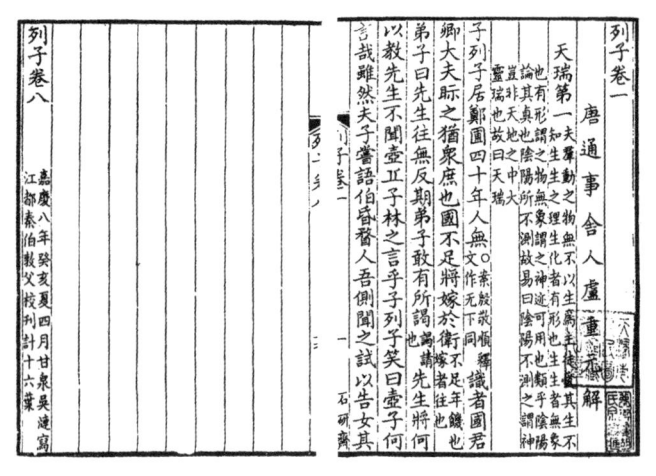

《列子》　清嘉庆八年（1803）江都秦恩复石研斋刻本

江都秦黉刻本《封氏闻见记》，秦黉为秦恩复之父，此本书名叶（古籍中，一张单面图文对折书叶为一叶）题"江都秦氏藏版"，而序后有"江宁刘文奎锓"刊记。再如清道光三年（1823）江都汪喜孙刻本《述学》，此书为清代著名学者汪中文集，汪喜孙为汪中之子，此本序后有"江宁刘文奎子觐宸仲高镌"刊记。《中国版刻图录》著录以上三书，在说明刻版地区时，将《列子》标为"江都"，将《封氏闻见记》标为"南京"，而《述学》未标刻版地区。另据学者研究，古代刻工存在异地流动现象，如清代著名文学家袁枚曾请扬州刻工汤鸣岐到南京代刻其堂弟袁树的《红豆村人诗稿》。由此可知，扬州人主持刻印的书籍，其写样、雕刻、刷印者有可能在本地，也有可能在异

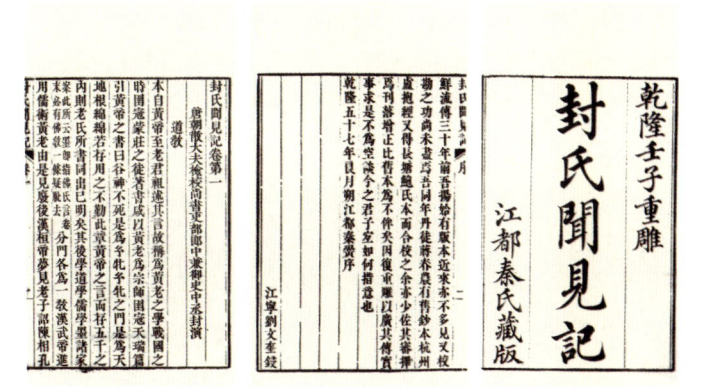

《封氏闻见记》　清乾隆五十七年（1792）秦黉刻本

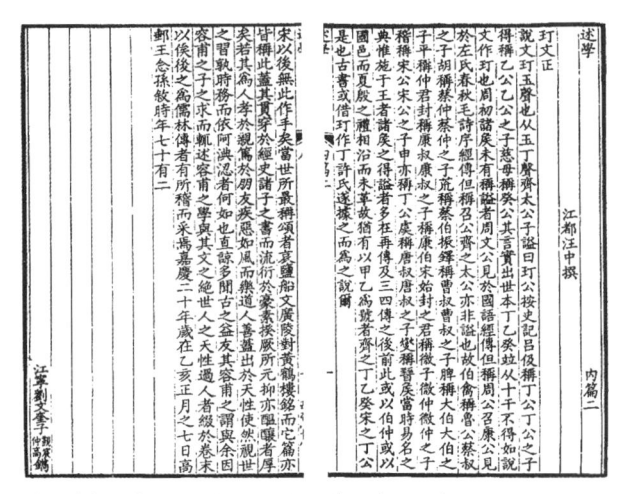

《述学》 清道光三年（1823）江都汪喜孙刻本

地，同时扬州刻工也会去异地刻书。总之，人是刻书活动的主体，同时人和人之间也是相互影响的，因此无论是扬州人和外地人在扬州所刻书，还是扬州人在异地所刻书，都应属于扬州刻书的范围，这些书汇聚在一起，方可展现出扬州刻书的整体样貌。

第一章

刻书小史

第一章 刻书小史

扬州是我国著名的商业都市和文化古城,有2500多年的建城史。扬州传统印刷术,以雕版印刷为主,兴盛于唐,延续于宋、元、明,发展于清至民国,复兴于当代。在各个历史时期,都有着众多技艺高超的能工巧匠云集扬州,他们薪火相传,世代以刻书为业,书写工整,镌刻秀丽,选纸、用墨、装帧精良考究,生产出的图书精美而能传之久远,为古城的文化繁荣作出了极大的贡献。同时,文献中最早明确记载出现雕版印刷术的地区有扬州,另据日本学者研究,唐代的鉴真和尚将雕版印刷术带至东瀛,因此扬州很可能是中国印刷术起源和向海外传播的地区之一。宋代沈括的《梦溪笔谈》在人类历史上第一次记载了活字印刷术,而《梦溪笔谈》最早刻本是在扬州刻印的,使扬州成为最早将活字印刷术向四方扩散的地区。清代以来,扬州套色印刷的年画、笺谱精美出色,在中国套色印刷史上谱写了绚丽的篇章。时至今日,扬州中国雕版印刷博物馆秉承古城丰厚的文化积淀,珍藏有10万余片珍贵古籍雕版版片,同时扬州广陵古籍刻印社、广陵书社更以继承了全套雕版、活字、套色等中国传统印刷工艺流程而蜚声海内外,为扬州的印刷事业增添了更为丰富的内涵。扬州的传统印刷术由古及今,绵延不绝,在中国乃至世界印刷史上都发挥过非常重要的作用。

第一节 始兴时期(唐至五代)

图书是记录和传播知识的工具,而作为中国古代四大发明之一的印刷术,则是图书的一种重要生产技术,具体来说,它是把图文转移到载体之上的复制技术。中国古代的印刷术大致可分为三种:雕版印刷、活字印刷与套色印刷。中国早期发明的印刷术是将图文刻在整块木板上,制成印版,然后在版上加墨印刷,称为雕版印刷术,也叫整版印刷术。活字印刷与套色印刷都是在雕版印刷术的基础上发展起来的,而且都包含有雕刻技术。因此,中国古代图书的出版印刷,可以统称为"刻书"。

关于印刷术的起源问题,国内外学者主要借助印刷实物与相关文献记载等材料来进行研究。时至今日,已获知的历史上早期印刷实践活动,往往是实物与记载分离。由于材料不全,印刷史上有不少问题在学术界一直争论不休,至今尚未取得统一认识。

雕版印刷术具体发明时间目前尚无定论,但至迟在唐代已出现。而在六朝至隋唐间,盛行一种依次在纸上轮番捺印的佛教图像，敦煌遗书中有部分传本存世。除了捺印佛像，20世纪中后期，我国考古工作者先后在四川成都、陕西西安、安徽阜阳和无为、江苏镇江等地多次出土印本《陀罗尼咒经》，时间均为唐代，只是确切年代已不可考。在西安、成都和阜阳唐墓出土的唐代印本方形《陀罗尼咒经》，有的带有明显的四版拼合特征，且墨色深浅不一，这些咒经似由四块印版捺印而成。捺印咒经，虽还不能被视为真正的印刷品，但从传播思想文化的功用上看，和刻书非常接近，因此可将其称为由印章至雕版印刷的过渡形态。

从世界范围看，被学者们认定的早期雕版印刷实物都出自东亚汉文化圈。日本著名学者尾崎康先生所著《正史宋元版研究》一书认为，印刷术之发明，或在唐代以前，然目前尚未发现早于法隆寺《百万塔陀罗尼》（日本神护景云四年，770）之印刷品。韩国庆州佛国寺新罗时期石造释迦塔发现的《无垢净光大陀罗尼经》，或云为8世纪前期之印刷品，然尚无任何科学根据。具有刊记可知刊印时间之印刷品，目前当以唐咸通九年（868）刊《金刚般若波罗蜜经》为最早。

《百万塔陀罗尼》（图1-1-1）在世界上享有盛名。根据日本古籍记载，称德天皇于天平宝字八年至神护景云四年（764—770）发愿制成一百万座中央留空洞的小木塔，

图 1-1-1　770 年日本造百万塔及塔内所置《陀罗尼》

同时选取《无垢净光大陀罗尼经》中的《根本》《相轮》《自心印》《六度》等四咒印制一百万卷，每塔内放置一枚卷子。《陀罗尼》纸面直高不超过 6 厘米，文字部分净高实约 5 厘米，卷首印有"无垢净光经"数字。《陀罗尼》按字数长度分为 4 种规格，最长的为 52 厘米，最短的为 24 厘米，每种类型制成两版。假如"百万"确为实际数量的话，那么每版可以印制《陀罗尼》十二万五千卷。1965 年，日本有位印刷专业教师井上清一郎先生进行了多次实验，并通过墨迹进行验证，他认为《百万塔陀罗尼》不是用马连（一种印刷工具）从纸的背面搓擦而成，而是将木印打上墨后捺印到纸上的。从前文所述中国多地出土唐代捺印本《陀罗尼咒经》看，此说也是有一定可能性的。

《无垢净光大陀罗尼经》是佛教密宗典籍，由弥陀山等僧人于 701 年从梵文翻译成汉文。"陀罗尼"是梵文的音译，意译为"总持"，今多指"咒"，即秘密语。由此可知,《百万塔陀罗尼》印制的内容是从唐朝传入日本的。日本木宫泰彦先生是研究日中文化交流史的专家,他认为《百万塔陀罗尼》是日本最古的印刷品,刊印技术是从唐朝输入的。另外,日本学者秃氏祐祥认为,此次印制《百万塔陀罗尼》活动,是依据东渡日本的唐朝鉴真大和尚及其一行传授的印制技术实现的。

唐代中国和日本交通频繁,使者和僧人往来不绝,其中影响最大的就是鉴真和尚(图1-1-2)。鉴真(688—763)是我国唐代著名的僧人,俗姓淳于,扬州江阳(今江苏扬州)人。天宝元年(742),日本僧人受日本佛教界和政府的委托,聘请鉴真去日传戒,他慨然应允,从此开始了历时十二年的东渡壮举。他先后五次率众东渡,但均因天时、人事不利而失败,且因突发眼疾,导致双目失明。但他东渡弘法之志弥坚,从未动摇。鉴真于天宝十二载(753)第六次东渡,终于到达日本九州,次年二月至平城京(今奈良)。鉴真东渡促进了日本佛教的发展,在中日文化交

图1-1-2 鉴真像

流史上写下了光辉的一页。其影响涉及日本文化的许多方面。鉴真携带了大量佛经、佛像、佛具以及有关雕刻、建筑、绘画、医药、文学、书法等方面的书籍和资料到日本，虽已双目失明，还能协助校订写本佛经的讹误，用嗅觉鉴定草药。同行弟子有的擅长雕塑、绘画、建筑等，传播了唐朝文化。鉴真出生于扬州，最后也是从扬州出发东渡日本传扬佛法的。而日本印制《百万塔陀罗尼》的技艺，无论是雕版印刷，还是捺印，如果是由鉴真及其一行传授的，就说明扬州在8世纪可能已开始出现或孕育印刷术了。

在传世文献中，中外学者陆续整理发现不少有关早期雕版印刷的文字记录材料。目前，世所公认最早记录雕版印刷行用情况的历史文献资料，应该是宋代类书《册府元龟》（图1-1-3）如下一段记载："（唐文宗太和）九年（835）十二月丁丑，东川节度使冯宿奏，准敕，禁断印历日版。剑南两川及淮南道皆以版印历日鬻于市。每岁司天台未奏颁下新历，其印历已满天下，有乖敬授之道，故命禁之。"当时淮南道的治所在扬州，此记载说明在唐代咸通九年（868）刊刻《金刚经》之前，扬州地区已大量以雕版印刷历书。《册府元龟》是宋代四大部书之一，由北宋王钦若、杨亿等奉敕编撰。"册府"是帝王藏书的地方，"元龟"是大龟，古代用以占卜国家大事，意即作为后世帝王治国理政的借鉴。此书材料丰富，编撰者所采用

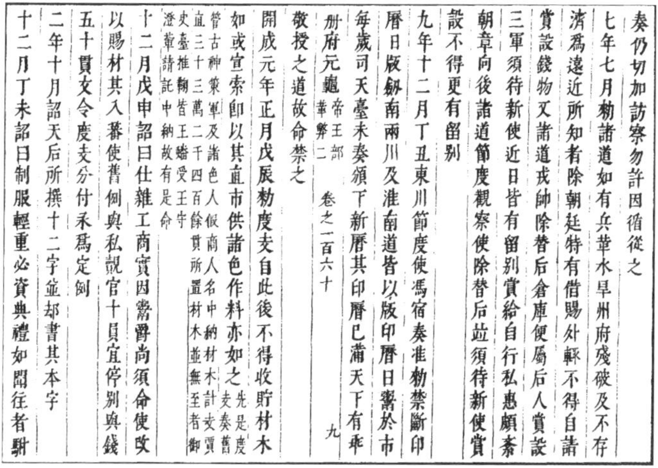
奏仍切加訪察勿許因循從之
七年七月勅諸道如有兵革水旱州府殘破及不存
濟爲遠近所知者除朝廷特有借賜外輒不得自請
賞設錢物又諸道戎帥除替后倉庫便屬后人賞設
三軍須待新使近日皆有留别賞給自行私惠頗紊
朝章向後諸道節度觀察使除替后並須待新使賞
設不得更有留别
九年十二月丁丑東川節度使馮宿奏准勅禁斷印
曆日版劍南兩川及淮南道皆以版印曆日鬻於市
每歲司天臺未奏須下新曆其印曆已滿天下有乖
册府元龜 帝王部 革弊二　卷之一百六十　九
敬授之道故命禁之
開成元年正月戊辰勅度支自此後不得收貯材木
如或宣索卽以其直市供諸色作料亦如之先是度支奏舊管古神策軍及諸色人假商人名中納材木計支價直三十三萬二千四百餘貫所置材木並無至者御史臺推鞫皆王蟠受王守澄葦請託中納故有是命
十二月戊申詔曰仕雜工商實因鬻爵尚須命使改
以賜材其入蕃使舊例與私覿官十員宜停别與錢
五十貫文令度支分付永爲定例
二年十月詔天后所撰十二字並却書其本字
十二月丁未詔曰制服輕重必資典禮如聞往者駙

图 1-1-3　《册府元龟》　明崇祯十五年（1642）黄国琦刻本

的文献资料，都是北宋以前古本，不少史料为此书所仅见，其中唐、五代史事部分，是《册府元龟》的精华所在，不仅可以校史，也可以补史，所以学术界普遍认为，这段记载是可靠的雕版印刷相关史料。

在传世文献中，还有些文献记载语义不明确，因此在学术界争议不休，至今没有定论。如唐代诗人元稹为白居易《白氏长庆集》作序：“《白氏长庆集》者，太原人白居易之所作……然而二十年间禁省观寺、邮候墙壁之上无不书，王公妾妇，牛童马走之口无不道。至于缮写模勒，衒卖于市井或持之以交酒茗者，处处皆是（杨越间多作书模勒乐天及予杂诗,卖于市肆之中也)。"(图 1-1-4)这里的"模勒"二字,不少学者即释为雕版印刷。元稹的记载为唐长庆四年十二月十日,即 825 年初,早于现存唐咸通九年(868)刻《金刚经》。若可采信,这一序言就是目前所知的最早记载确切日期的印刷史料,使印刷史上所知的确切日期可向前推 43 年。但学术界尚存在许多不同的看法,如著名学者向达先生在《唐代刊书考》中说:"顾模可释为摹写,勒亦可诠为钩勒,从原迹摹写钩勒若今之影写本然,似亦可通。"当代有学者举清末叶昌炽《语石》所言:"按古碑,凡书模勒,与镌刻为二事。何以证之?

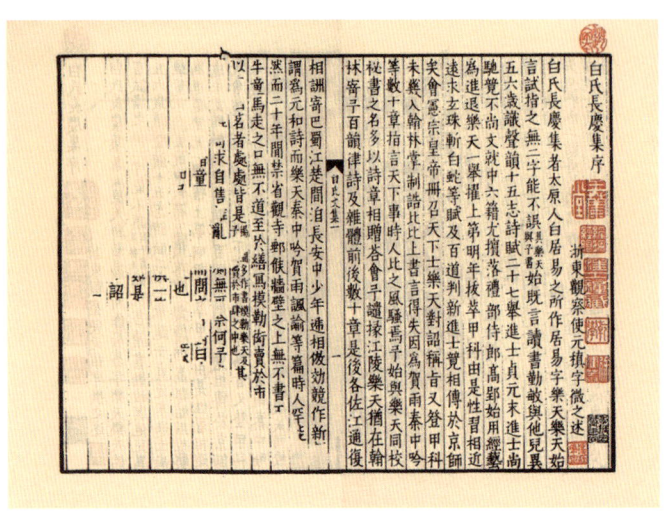

图 1-1-4　《白氏文集·白氏长庆集序》　宋刻本

如唐怀仁《圣教序》，既书诸葛神力勒石矣，又曰武骑尉朱静藏镌字。……模勒即钩勒，今人以勒字为刻字，失之矣。"进而证实向达先生的揣测是言之有据的。其实，叶昌炽在《语石》中另外举一例说："郭忠恕书《阴符经》，但书安祚勒字，而无刻工名。此即为祚所刻，宋初刻字人皆安姓，可证言勒可以赅刻也。"这里的"赅"可作"概括、包括"解，因而"模勒"字面虽不能释为"镌刻"，但在特定的语境中却可包括"镌刻"之意。就如今日言"刻书"，实为刻印图书；言"活字本"，实为活字印本。而在雕版印刷产生之初，尚无专门词语描述这种技艺，如唐咸通九年（868）王玠"为二亲敬造普施"《金刚经》，也未直书"镌刻"，只是因有印刷实物存世而未产生争议。元稹给自撰序文加自注，或许也是想把所遇新事说清楚。前文举《册府元龟》载"剑南两川及淮南道皆以版印历日鬻于市"之事在835年末，仅比元稹作序时晚10来年，而淮南道的治所在扬州，说明当时扬州地区民间雕版印刷术已呈现兴盛景象。另外，日本名僧圆仁（794—864）于承和五年至十四年（838—847）入唐求法10年，从他所著的《入唐求法巡礼行记》《日本国承和五年入唐求法目录》中，我们可以获知圆仁于承和五年（838）首先到达扬州并住了半年多，其间他在扬州的寺院抄写了《杭越寄和诗集并序》一卷，此为白居易与元稹等人的唱和诗集，说明白居易、元稹的诗当时的确在扬州地区广为流传。与此同时，圆仁还以四百五十文购得《维摩关中疏》四卷，有学者推测此本可能是刻印本而非手抄本，因书价较低，仅相当于当时抄本书价的十分之一，这与学界认为印刷术的发明使书籍成本减低了90%的观点恰好相符。如果圆仁所购书确为刻印本，就说明扬州在838年以前已有雕版印刷术。在此稍前之时，模勒并镌刻白居易与元稹之诗，还是有可能的。

据史书记载，唐代的长安是当时的政治中心，扬州则是经济中心。扬州作为经济都会，渊源很早。隋炀帝非常向往扬州，他所开凿的运河共有四条，分别是永济渠、通济渠、邗沟和江南河，其中后三条与长江配合，促进了扬州的繁荣。扬州的雕版印刷术就是在这样的背景下发展起来的。从以上的材料来看，扬州很可能是中国印刷术的孕育地和起源地之一，也很可能是最早将印刷术传播到海外去的地区。

宋代王明清在《挥麈录·余话》（图1-1-5）中写道："《大业幸江都记》自有十二卷，唐著作郎杜宝所纂，明清家有之，永平时扬州印本也。"永平为五代初期前蜀年号，为公元911—915年。从此记载看，扬州在五代时期也有书籍出版。《挥麈录》作者王明清（1127—1195或以后），字仲言，汝阴（今安徽阜阳）人，出身于书香史

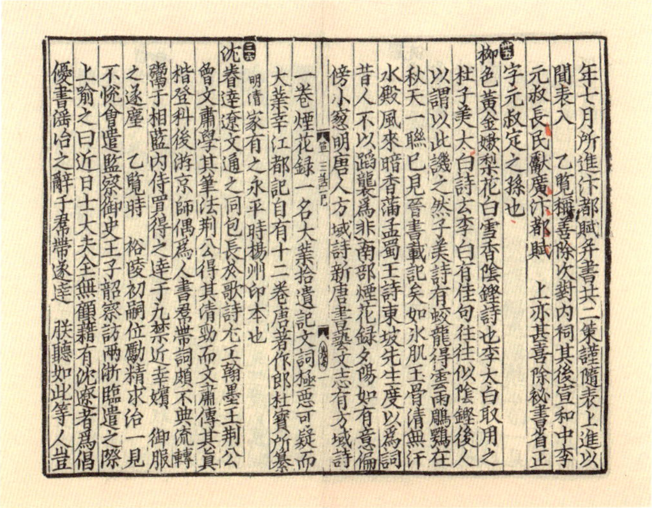
年七月所進汴都賦并書共二集謹隨表上進以
聞表入　乙覽稱善除次對內祠其後宣和中李
元叔長民獻廣汴都賦　上亦甚喜除秘書省正
字元叔定之孫也
柳色黃金嫩梨花白雪香陰鏗詩也李太白取用之
杜子美太白詩云李白有佳句往往似陰鏗後人
以謂以此譏之然子美詩有蛟龍得雲雨鵰鶚在
秋天一聯已見晉書載記矣如冰肌玉骨清無汗
水殿風來暗香滿孟蜀王詩東坡先生度以爲詞
昔人不以蹈襲爲非南部煙花録夕陽如有意偏
傍小窻明唐人方域詩新唐書藝文志有方域詩
一卷煙花録一名大業拾遺記文詞極惡可疑而
大業幸江都記自有十二卷唐著作郎杜寶所纂
明清家有之永平時揚州印本也
沈睿達遼文通之同包長於歌詩尤工翰墨王荊公
曾文肅學其筆法荊公得其清勁而文肅傳其眞
楷登科後游京師偶爲人書帬帶詞頗不典流轉
鬻于相藍內侍買得之達于九禁近幸嬪　御服
之遂塵　乙覽時　裕陵初嗣位勵精求治一見
不悅會遣監察御史王子韶察訪兩浙臨遣之際
上諭之曰近日士大夫全無顧藉有沈遼者爲倡
優書淫冶之辭于帬帶遂達　朕聽如此等人豈

图 1-1-5　《挥麈录·余话》　宋龙山书堂刻本

学世家，藏书甚富。祖父王莘尝从欧阳修、常秩学习，“所藏书逮数万卷，皆手自校雠”。父王铚著作宏富，陆游在《老学庵笔记》中说他“记问该洽，尤长于国朝故事，莫不能记。……其藏书数百箧，无所不备”。王明清撰《挥麈录》虽为笔记性质，但他在写作过程中，力求真实可靠，史料价值很高。记南宋初期之事，多他书不见，为《建炎以来系年要录》等当时史书所采用，也曾被用作编修《高宗实录》的资料，说明此书记载的史料较为可信。另外，《挥麈录·后录》（图 1-1-6）引《大业幸江都记》云：“隋炀帝聚书至三十七万卷，皆焚于广陵，其目中盖无一

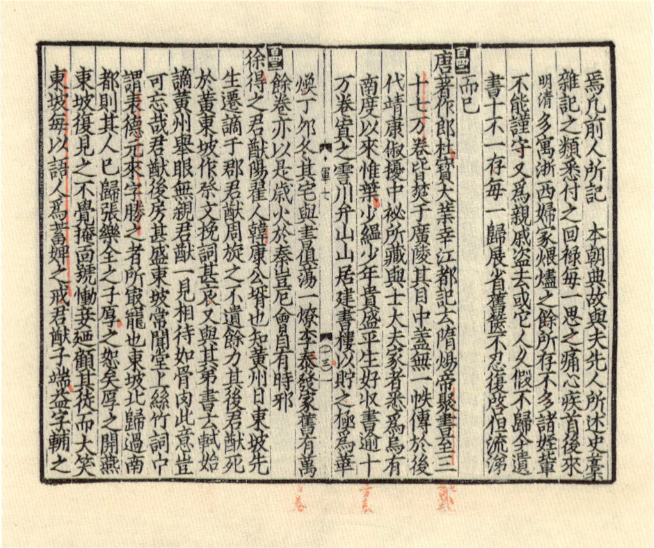
焉凡前人所記　本朝典故與夫先人所述史稾雜記之類悉付之回祿每一思之痛心疾首後來明清多寓浙西婦家煨燼之餘所存不多諸姪輩不能謹守又爲親戚盜去或它人久假不歸今遺書十不一存每一歸展省舊廬不忍復啓但流涕而已

唐著作郎杜寶大業幸江都記云隋煬帝聚書至三十七万卷皆焚于廣陵其目中蓋無一帙傳於後代靖康俶擾中祕所藏與士大夫家者悉爲烏有南度以來惟葉少蘊少年貴盛平生好收書逾十万卷寘之雲川弁山山居建書樓以貯之極爲華煥丁卯冬其宅與書俱蕩一燎李泰發家舊有萬餘卷亦以是歲火於秦豈厄會自有時邪

徐得之君猷陽翟人韓康公婿也知黃州日東坡先生遷謫于郡君猷周旋之不遺餘力其後君猷死於黃東坡作祭文挽詞甚哀又與其弟書云軾始謫黃州舉眼無親君猷一見相待如骨肉此意豈可忘哉君猷後房甚盛東坡常聞堂上絲竹詞中謂表德元來字勝之者所最寵也東坡北歸過南都則其人已歸張樂全之子厚之恕矣厚之開燕東坡復見之不覺掩面號慟妾亦顧其徒而大笑東坡每以語人爲蓄婢之戒君猷子端益字輔之

图 1-1-6　《挥麈录·后录》　宋龙山书堂刻本

帙传于后代。”《大业幸江都记》现未见传本，可知王明清曾阅读过该书。与此同时，唐至五代时期其他地区刻书现有传本传世，因此王明清的记载应该是可靠的。

第二节　延续时期（宋元）

宋代是中国刻书业勃兴的时代，由于扬州地处南北交会之地，北宋时期，扬州的经济发展水平比五代时期有较大的提高，刻书业也得以延续和发展。至宋室南渡后，扬州成为南北军事对峙的前沿，屡遭兵祸，使南宋时期扬州的刻书业因缺乏所需的社会环境而受到影响,但扬州刻书之脉始终未曾断绝。时至今日,现存于世的扬州宋版书有北宋吴守真捐刻本《金刚般若波罗蜜经》、南宋高邮军学刻本《淮海集》、南宋淮东仓司刻本《注东坡先生诗》等传世珍本(详见第二章)。与此同时,随着岁月流逝,由于无数次人为的、自然的灾难,中国宋元以前早期刻印典籍原本,大多已经失传,早在清代就有学者用"万不存一"来概述这种典籍严重散佚的状况,因此宋代扬州刻书的原本绝大部分也已湮没于历史的云烟之中。而部分经典名著初刻本虽已失传,但有早期重刊本存世,透过重刊本,我们可以对失传的扬州刻书有较为直观的认识。

徐铉(917—992),五代宋初文字学家,广陵(今江苏扬州)人。初仕南唐,后归宋,官至散骑常侍。精于文字学,善写李斯小篆。与弟徐锴(921—975)皆深入研究《说文解字》,同为"说文学"大家。东汉许慎(约58—约147)著《说文解字》是中国第一部系统分析字形和考究字源的字书,也是世界上最古老的字书之一。正文以小篆为主,又有古文、籀文等异体重文。《说文解字》最早刻本为北宋雍熙三年(986)国子监刻本,当时徐铉等奉诏校定《说文解字》,书中有中书门下(宰相治事之所)牒文:"其书宜付史馆,仍令国子监雕为印版……兼委徐铉等点检书写雕造。"这表明北宋国子监雕造的《说文解字》实际是由徐铉领衔主持完成的，同时也是由善写小篆的徐铉亲手写样上板的。此国子监刻本早已不存于世。据学者考证，现存较早的宋刻元修本（图1-2-1~图1-2-3），实为南宋初期杭州地区刻元修补本。徐锴著有《说文解字系传》《说文解字韵谱》。《说文解字系传》现存较早的有南宋中期杭州地区刻本。《说文解字韵谱》初刻本为北宋雍熙四年（987）陈文颢刻本，徐铉在此年撰《韵谱后序》（图1-2-4）中有"躬自篆籀"之语，可知此本也是由徐铉亲手书写篆文和籀文等而上板开雕行世的。陈文颢刻本

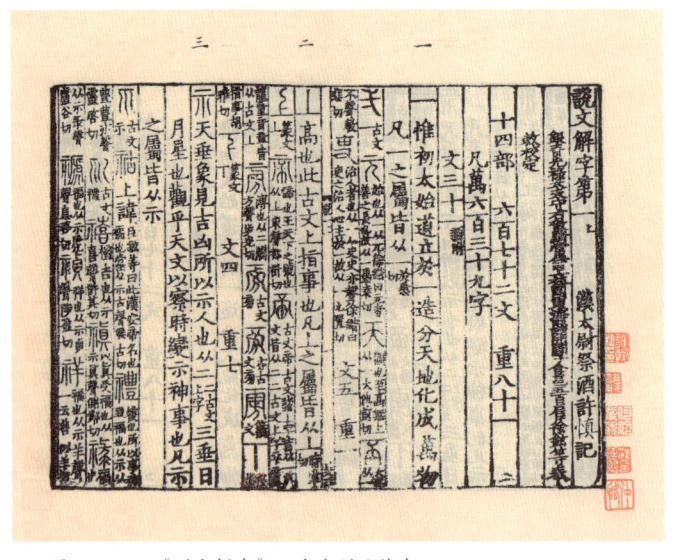

图1-2-1　《说文解字》　南宋刻元修本

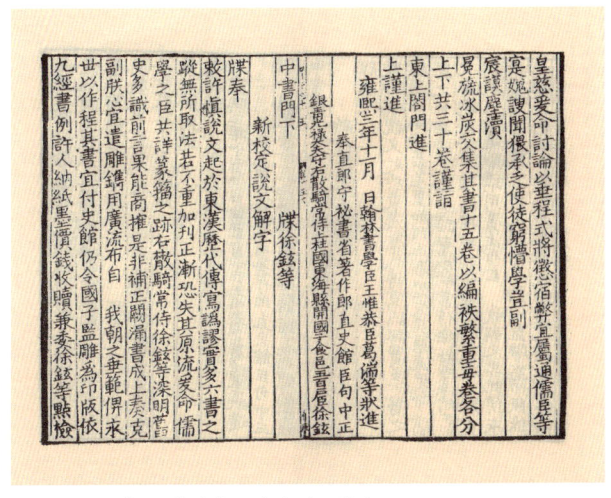

图 1-2-2 《说文解字》 南宋刻元修本

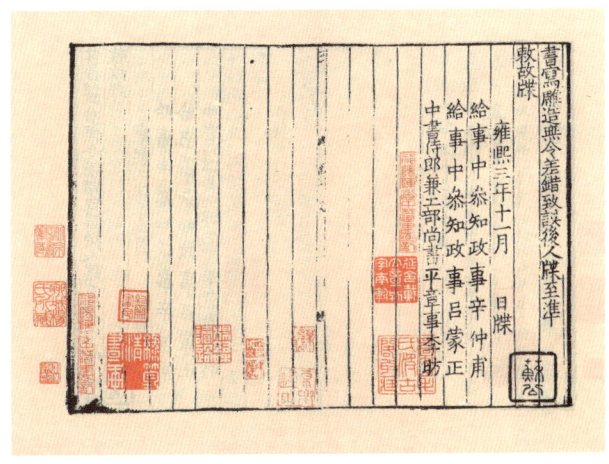

图 1-2-3 《说文解字》 南宋刻元修本

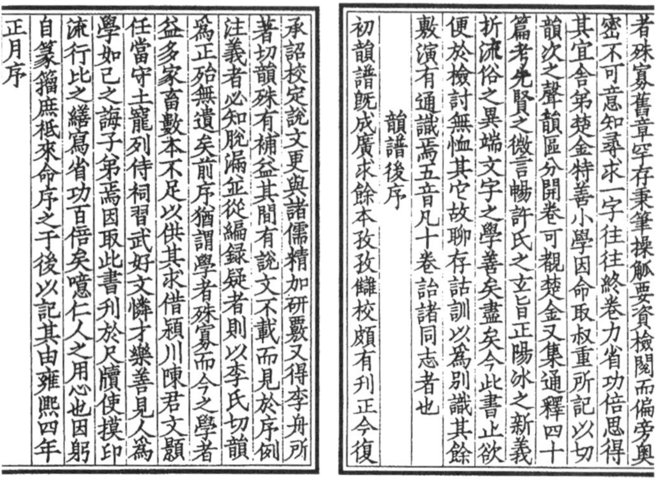
者殊寡舊章罕存秉筆操觚要資檢閱而偏旁奥
密不可意知尋求一字往往終卷力省功倍思得
其宜舍弟楚金特善小學因命取叔重所記以切
韻次之聲韻區分開卷可覩楚金又集通釋四十
篇考先賢之微言暢許氏之玄旨正陽冰之新義
折流俗之異端文字之學善矣盡矣今此書止欲
便於檢討無恤其它故聊存詁訓以爲別識其餘
敷演有通識焉五音凡十卷詒諸同志者也
韻譜後序
初韻譜既成廣求餘本孜孜讎校頗有刊正今復
承詔校定說文更與諸儒精加研覈又得李舟所
著切韻殊有補益其間有說文不載而見於序例
注義者必知脫漏並從編録疑者則以李氏切韻
爲正殆無遺矣前序猶謂學者殊寡而今之學者
益多家畜數本不足以供其求借穎川陳君文顯
任當守土寵列侍祠習武好文憐才樂善見人爲
學如己之誨子弟焉因取此書刋於尺牘使摸印
流行比之繕寫省功百倍矣噫仁人之用心也因躬
自篆籀庶秪來命序之于後以記其由雍熙四年
正月序

图 1-2-4 《徐公文集·韵谱后序》 民国影宋刻本

今已不存于世，现存较早的版本有元延祐三年（1316）种善堂刻本（图 1-2-5、图 1-2-6）。

北宋沈括（1031—1095）著《梦溪笔谈》是一部划时代的伟大著作，被誉为“中国科学史的坐标”。《梦溪笔谈》现存版本皆源于南宋乾道二年（1166）扬州州学刻本，此本可以说是其后各种刊本的祖本。南宋原本今已失传，现存最早版本为元大德九年（1305）陈仁子东山书院刻本《古迂陈氏家藏梦溪笔谈》（图 1-2-7），此元刻本附有南宋乾道二年（1166）扬州州学教授汤修年跋文，说明与宋代扬州版一脉相承。

图 1-2-5　《说文解字韵谱》　元延祐三年（1316）种善堂刻本

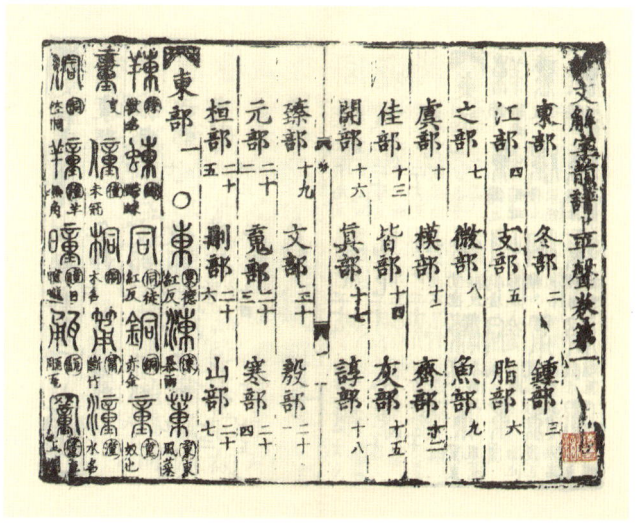

图 1-2-6　《说文解字韵谱》　元延祐三年（1316）种善堂刻本

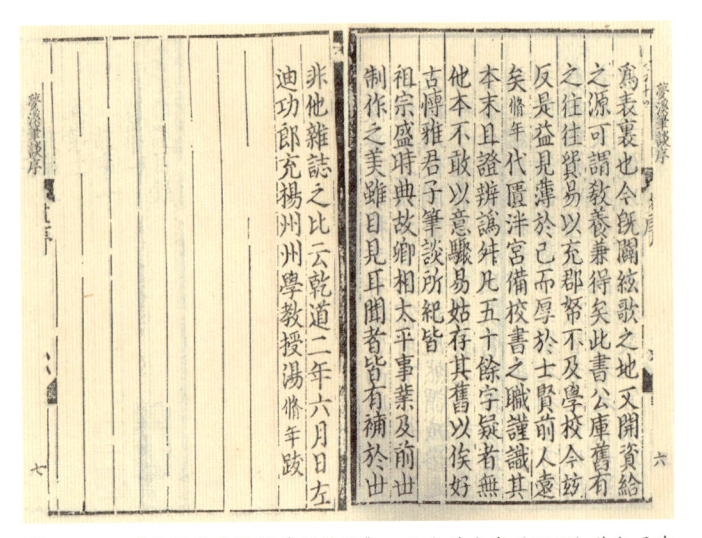

图1-2-7 《古迂陈氏家藏梦溪笔谈》 元大德九年（1305）陈仁子东山书院刻本

有关毕昇发明的活字版技术，从目前已知的材料看，只有沈括在《梦溪笔谈》一书中作了较详细的记载（图1-2-8）。在活字印刷术发明后900多年的历史中，由于种种原因，很长时期在中国一直处于尝试阶段，而雕版印刷术则牢固占据着统治地位。但沈括此项记载的历史作用不可磨灭，这不仅是因其为活字印刷的最早记录，更重要的是此记载对活字版技术的发展起了很大的推动作用。它启发了后来的有志者，沿着毕昇的道路继续前进，从而使这一技术不断地发展和完善，最终成为占世界统治地位的

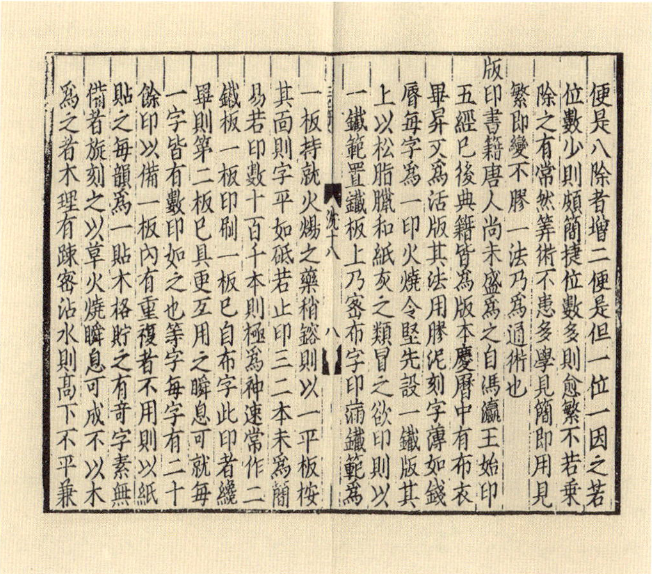
便是八除者增二便是但一位一因之若
位數少則頗簡捷位數多則愈繁不若乘
除之有常然筭術不患多學見簡即用見
繁即變不膠一法乃爲通術也
版印書籍唐人尚未盛爲之自馮瀛王始印
五經已後典籍皆爲版本慶曆中有布衣
畢昇又爲活版其法用膠泥刻字薄如錢
脣每字爲一印火燒令堅先設一鐵版其
上以松脂臘和紙灰之類冒之欲印則以
一鐵範置鐵板上乃密布字印滿鐵範爲
筆談十八　八
一板持就火煬之藥稍鎔則以一平板按
其面則字平如砥若止印三二本未爲簡
易若印數十百千本則極爲神速常作二
鐵板一板印刷一板已自布字此印者纔
畢則第二板已具更互用之瞬息可就每
一字皆有數印如之也等字每字有二十
餘印以備一板內有重複者不用則以紙
貼之每韻爲一貼木格貯之有奇字素無
備者旋刻之以草火燒瞬息可成不以木
爲之者木理有疎密沾水則高下不平兼

图 1-2-8　《古迂陈氏家藏梦溪笔谈》　元大德九年（1305）陈仁子东山书院刻本

印刷方式。因而可以说扬州是最早将活字印刷术向四方传播的地区。

元代经济文化逐渐恢复，扬州刻书业有进一步的延续和发展（图 1-2-9）。另据文献记载，有部分元人著作曾在扬州刊行，如元同恕撰《榘庵集》、元王结撰《王左丞遗文》、元萧𣂏撰《勤斋集》等，但由于历史沧桑变迁，元刻原本今已失传。

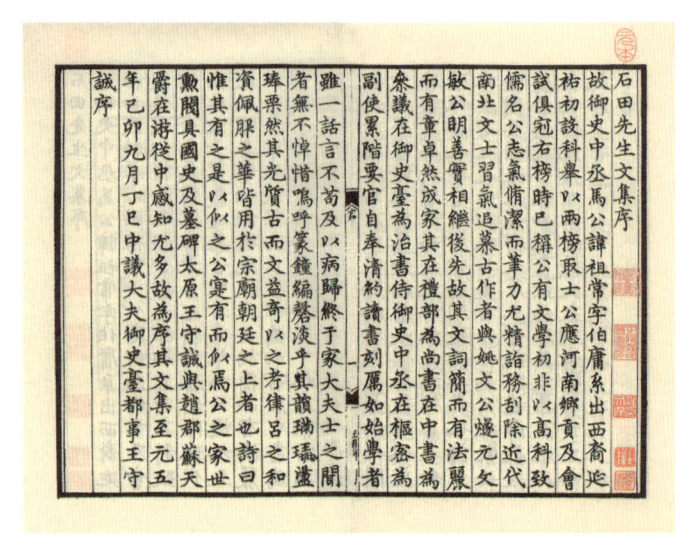

图 1-2-9 《石田先生文集》 元(后)至元五年(1339)扬州路儒学刻本

第三节 发展时期(明清至民国)

明清时期,扬州是两淮巡盐御史和盐运使司的治所,为两淮盐务的行政中心,两淮盐税居全国之半,直接关系国家经济全局和扬州城市命运。当时的扬州作为东南政治经济文化重镇,图书出版印刷事业蓬勃发展,刻书成就享誉四方,其余韵一直延续到民国时期。

明代刻书

明代的扬州,随着经济与文化的逐渐复苏,雕版印刷业渐兴，至明代中后期，官、私刻书业都有较大的发展。官刻珍本有明嘉靖刻本《嘉靖惟扬志》（图1-3-1）、明万历七年（1579）虞德烨维扬资政左室刻本《吕氏春秋》（图1-3-2）、明万历九年（1581）两淮都转运盐使司刻本《古今廉鉴》。私刻精品有明嘉靖三年（1524）江都郝梁刻本《张文潜文集》（图1-3-3）、明崇祯三年（1630）郑氏刻本《媚幽阁文娱》（图1-3-4、图1-3-5）。另外，书坊刻书也有传本。

图1-3-1 《嘉靖惟扬志》 明嘉靖刻本

图1-3-2 《吕氏春秋》 明万历七年（1579）虞德烨维扬资政左室刻本

图1-3-3 《张文潜文集》 明嘉靖三年（1524）郝梁刻本

扬州博物馆藏《孝经》，是明江都盛仪之妻郭淑洁墓的随葬品。据考古学家推测，此书为明嘉靖年间坊间所刊行，是墓主生前的读本（图 1-3-6）。

图 1-3-4　《媚幽阁文娱》　明崇祯三年（1630）郑元化刻本

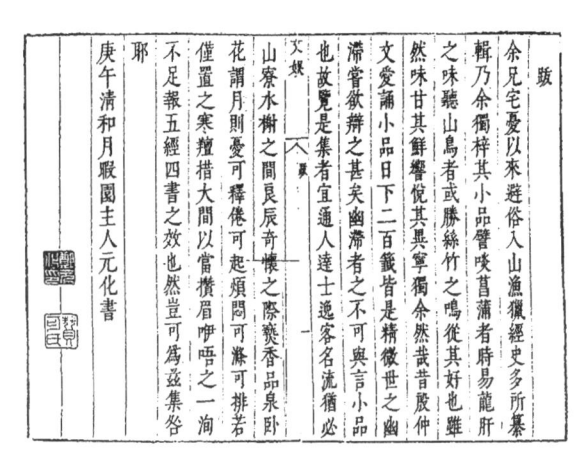

图 1-3-5　《媚幽阁文娱·跋》　明崇祯三年（1630）郑元化刻本

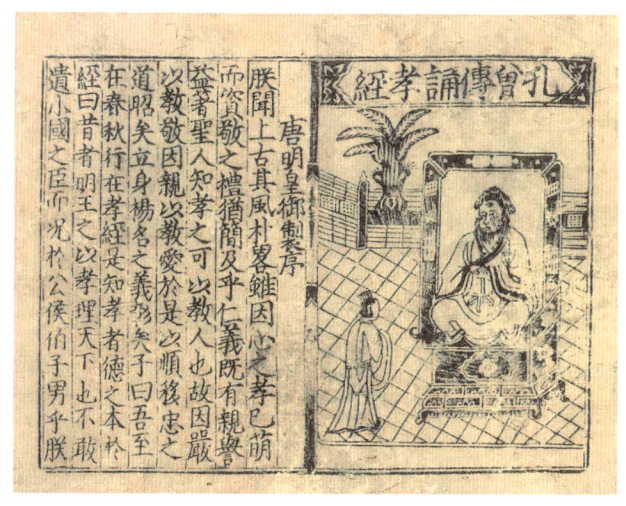

图1-3-6 《孝经》 明嘉靖刻本

清代刻书

清代扬州刻书之风已遍及郡城州县,官刻、家刻、坊刻林立,刻工遍布全国,刻书业空前繁荣,其数量之多、规模之大、质量之高,卓然于历朝。扬州诗局的创建,奠定了扬州跃居中国刻书名区之列的基础。

清代扬州官刻

清代扬州官刻规模之大、种类之多,远胜前代。扬州诗局、扬州书局、淮南书局的先后建立及其辉煌业绩,对扬州的雕版印刷业起到了巨大的激励、推动作用。

清康熙四十四年(1705),江宁织造兼巡视两淮盐漕监察御史曹寅（1658—1712）奉康熙皇帝之命，在扬州天宁寺创办以编校刊印清廷内府书籍为主的出版机构。这一机构是为刻印"钦定"《全唐诗》而设，故称"扬州诗局"。全书从缮写、雕刻到印刷、装帧无不尽善尽美。康熙皇帝看到进

图1-3-7 《全唐诗》清康熙四十四年至四十六年（1705—1707）扬州诗局刻本

呈样本后，朱批："刻的书甚好！"《全唐诗》的刊刻，标志着扬州雕版印刷进入了辉煌时期（图1-3-7）。曹寅还刊刻了《曹楝亭五种》《楝亭藏书十二种》（图1-3-8）等书，其刻印之精、装帧之美，可与《全唐诗》相媲美。

据潘天祯先生考证，可能在康熙四十六年（1707）《全唐诗》刻成之后，"扬州诗局"改名"扬州书局"，刻印书籍延续至雍正。真正建立扬州书局刻书，是嘉庆年间的事。嘉庆十三年至十九年（1808—1814），扬州书局奉旨编定《全唐文》（图1-3-9），由主持两淮盐政的阿克当阿负责。

清同治八年（1869），两淮盐运使在扬州创设淮南书局。淮南书局从建立起，至光绪二十九年（1903）裁撤归

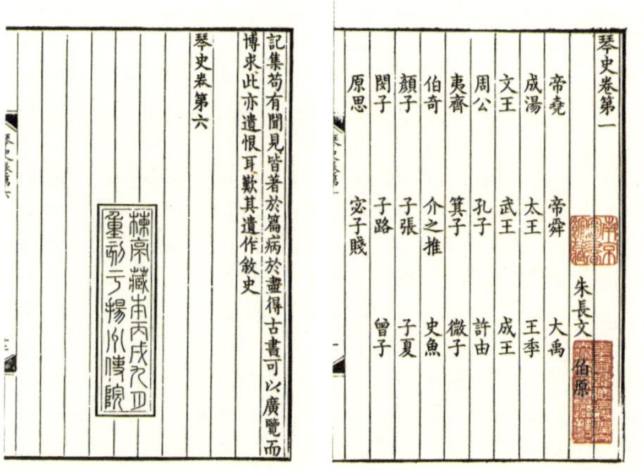

图1-3-8 《琴史》 清康熙四十五年（1706）曹寅扬州使院刻《楝亭藏书十二种》本

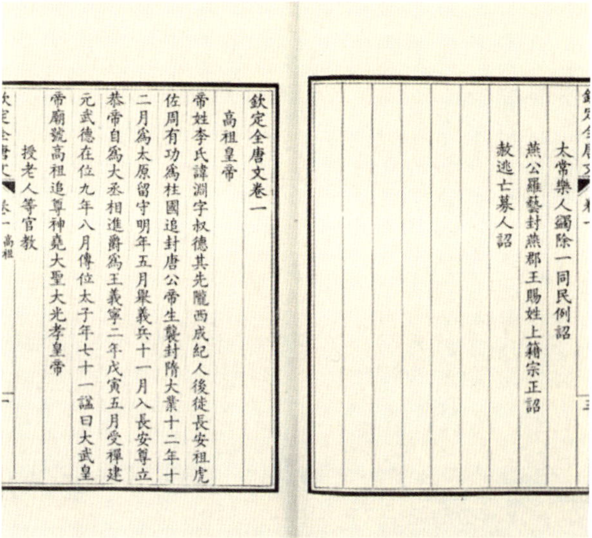

图1-3-9 《全唐文》 清嘉庆十九年（1814）扬州书局刻本

并于金陵书局止，共刻书 60 余种，为弘扬历史文化和保存地方文献作出了卓越的贡献（图 1-3-10）。清光绪时，金陵、苏州、扬州、杭州、武昌官书局合刻二十四史，通称"五局合刻本"。扬州人在完成这部卷帙繁多的历史著作中作出了重要的贡献。

另外，扬州还有府、州、县署刻书（图 1-3-11），以及书院刻书（图 1-3-12），也很有影响。

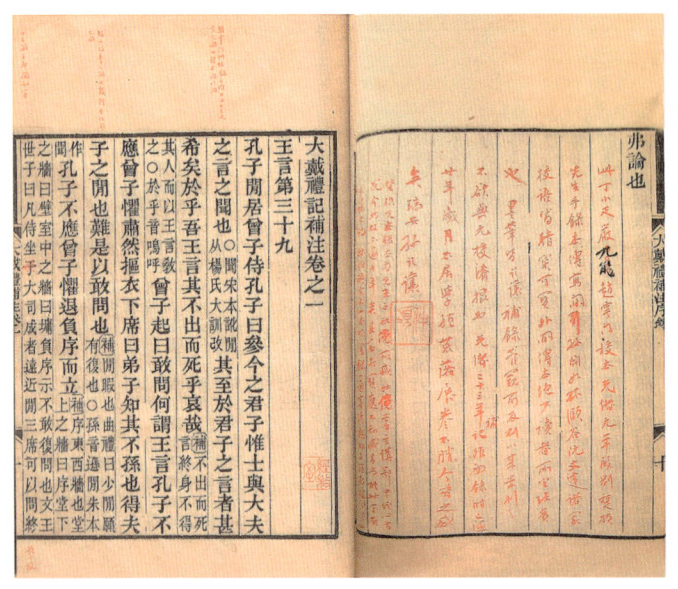

图 1-3-10 《大戴礼记补注》 清同治十三年（1874）淮南书局刻本 孙诒让校跋并录王念孙、王引之、丁杰、严元照、赵钺等校

图 1-3-11 《续纂扬州府志》清同治十三年（1874）刻本

图 1-3-12 《铁桥志书》 清康熙四年（1665）紫阳书院刻本

清代扬州家刻

扬州清代家刻异常精美，其中不少书籍采用手写软体字写样上板。如雍正年间江都陆钟辉所刻的《笠泽丛书》《南宋群贤诗选》（图 1-3-13），写刻字体遒劲豪健，纸墨印刷上乘，历来被藏书家视为精品。

清代扬州，一批盐商资助刻印优秀的学术书籍，其中最著名的是马氏兄弟。马曰琯（1688—1755）、马曰璐（1695—1769后）兄弟，清安徽祁门人，定居扬州从事盐业贸易。据文献记载，他们不惜耗巨资续刻完成朱彝

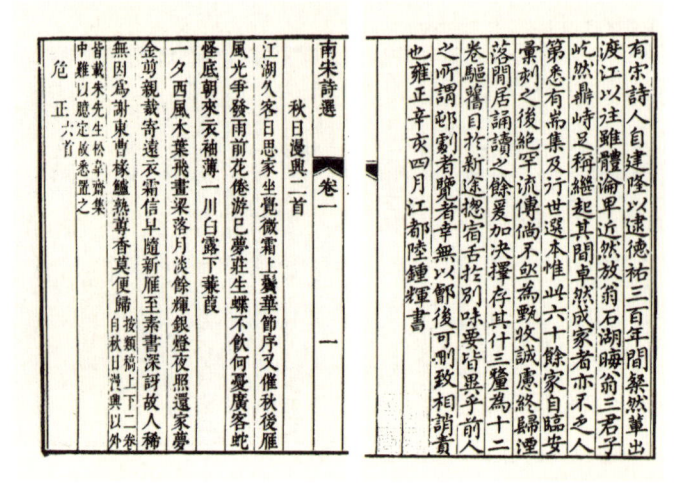

图 1-3-13 《南宋群贤诗选》 清雍正九年（1731）陆氏水云渔屋刻本

尊的巨著《经义考》。与此同时，他们还刊刻了《五经文字》《班马字类》《韩文类谱》《困学纪闻》诸书。因版刻质量上佳，被称为"马版"，深受士人喜爱。两人不仅善写诗文（图1-3-14），也是当时著名的藏书家，有"藏书甲东南"之誉。马氏兄弟刊刻一批品质优良的典籍，常用的牌记是"马氏丛

图 1-3-14 《南斋集》 清乾隆间马氏自刻本

书楼”和“小玲珑山馆”。

清初布衣文人李驎的诗文合集《虬峰文集》是在扬州刊行的，其后被清廷列为禁毁之书。清代小说家吴敬梓的代表作《儒林外史》是中国叙事文学中讽刺艺术的高峰，它开创了一个以小说直接评价现实生活的范例。此书最初仅以抄本流传。据清代金和（1818—1885）所撰《儒林外史》之跋文介绍，《儒林外史》最早的刻本也是在扬州刊刻的（图 1-3-15）。

清代是扬州学术极盛的时期，清代扬州学派在学术

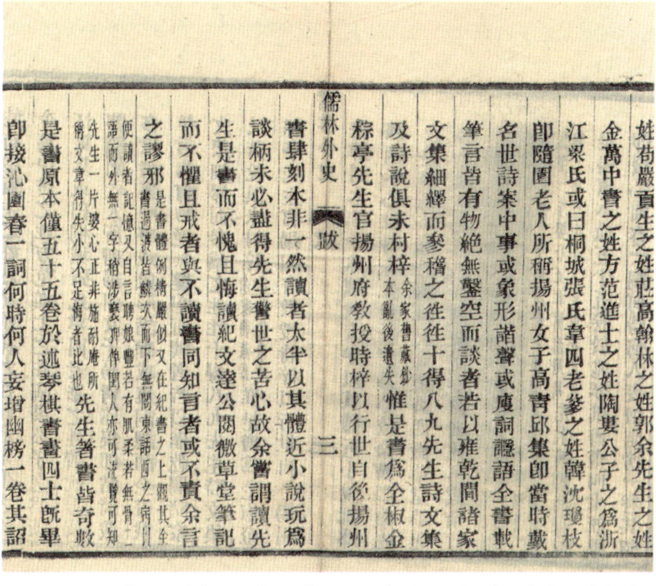
姓荀嚴貢生之姓莊高翰林之姓郭余先生之姓
金萬中書之姓方范進士之姓陶婁公子之爲浙
江梁氏或曰桐城張氏韋四老爹之姓韓沈瓊枝
即隨園老人所稱揚州女子高青邱集即當時戴
名世詩案中事或象形諧聲或廋詞隱語全書載
筆言皆有物絕無鑿空而談者若以雍乾間諸家
文集細繹而參稽之往往十得八九先生詩文集
及詩說俱未村梓余家舊藏鈔本亂後遺失惟是書爲全椒金
棕亭先生官揚州府教授時梓以行世自後揚州

儒林外史　跋　三

書肆刻本非一然讀者太半以其體近小說玩爲
談柄未必識得先生警世之苦心故余嘗謂讀先
生是書而不愧且悔讀紀文達公閱微草堂筆記
而不懼且戒者與不讀書同知言者或不責余言
之謬邪是書體例精嚴似又在紀書之上觀其全書過渡皆鱗次而下無閣東話西之病且
便讀者記憶又自言聘娘豐若有肌柔若無骨二語而外無一字稍涉褻狎俾閨人亦可流覽可知
先生一片婆心正非施耐庵所稱文章得失小不足悔者比也先生著書皆奇數
是書原本僅五十五卷於述琴棋書畫四士既畢
即接沁園春一詞何時何人妄增幽榜一卷其詔

图 1-3-15　《儒林外史·跋》　清同治八年（1869）群玉斋木活字印本

界产生了极大的影响。扬州学派核心人物的代表性著作，如汪中的《述学》、焦循的《孟子正义》、阮元的《经籍籑诂》、王念孙的《广雅疏证》（图1-3-16）、王引之的《经传释词》等，皆有家刻本传世。其中阮元在经、史、算学、舆志、金石、校勘等方面都有较高的造诣和丰富的著述，他主持编纂和刊刻了不少书籍，如除主编《经籍籑诂》外，又校刻了《十三经注疏》《钟鼎款识》，

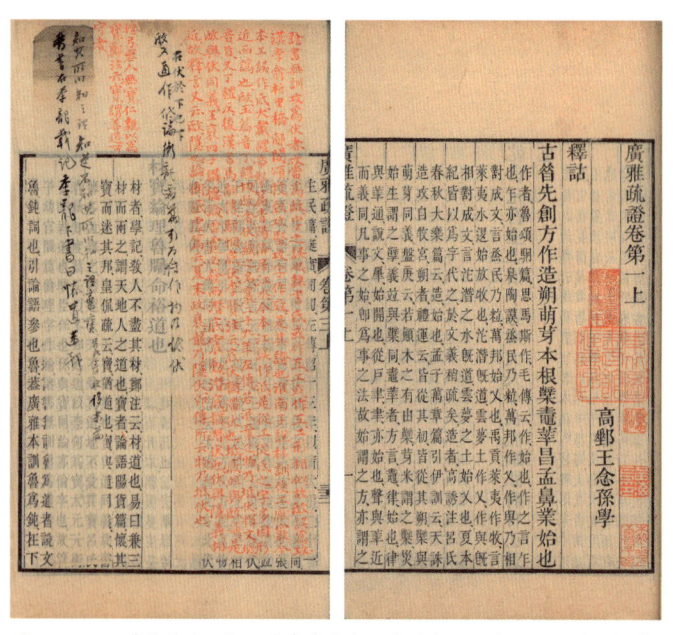

图1-3-16　《广雅疏证》　清嘉庆高邮王氏刻本　王念孙、王引之校补，黄海长跋

汇刻了《皇清经解》等，并撰有《畴人传》《两浙金石志》《积古斋钟鼎彝器款识》等著作，诗文集为《揅经室集》。他还与其堂弟阮亨刊印了《文选楼丛书》，其中收录有法国耶稣会士蒋友仁译《地球图说》（图 1–3–17），此书出版，使“日心说”在学界广为流传。

“扬州八怪”是清代中期活动于扬州地区一批风格相近的书画家总称。“扬州八怪”之一的金农（图 1–3–18），既是书画名家（图 1–3–19），又是诗文好手。金农自编《冬心先生集》，雍正年间镂版于“广陵般若庵”。此集由吴郡名书手邓弘文仿宋本字画录写，字体挺拔俊秀，刀法劲健，为镂版中上乘作品（图 1–3–20）。清代

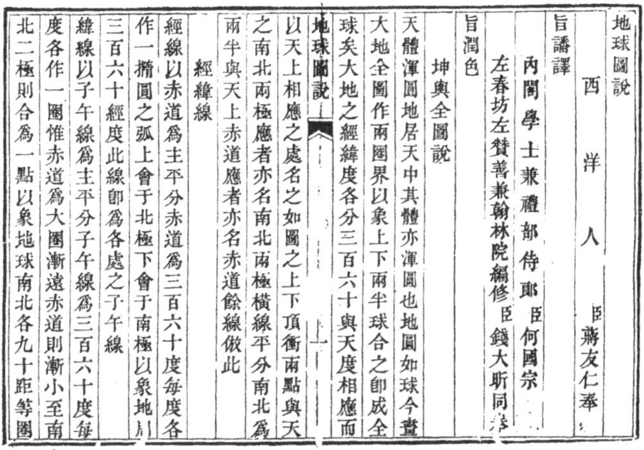
地球圖說
西洋人　臣蔣友仁奉
旨譯
內閣學士兼禮部侍郎臣何國宗
左春坊左贊善兼翰林院編修臣錢大昕同
旨潤色
坤輿全圖說
天體渾圓地居天中其體亦渾圓也地圖如球今畫大地全圖作兩圈界以象上下兩半球合之即成全球矣大地之經緯度各分三百六十與天度相應而以天上相應之處名之如圖之上下頂衝兩點與天之南北兩極應者亦名南北兩極橫線平分南北爲兩半與天上赤道應者亦名赤道餘線倣此
經緯線
經線以赤道爲主平分赤道爲三百六十度每度各作一橢圓之弧上會于北極下會于南極以象地
三百六十經度此線即爲各處之子午線
緯線以子午線爲主平分子午線爲三百六十度每度各作一圈惟赤道爲大圈漸遠赤道則漸小至南北二極則合爲一點以象地球南北各九十距等圈

图 1–3–17　《地球图说》　清阮氏刻《文选楼丛书》本

图 1-3-18 金农 自画像轴

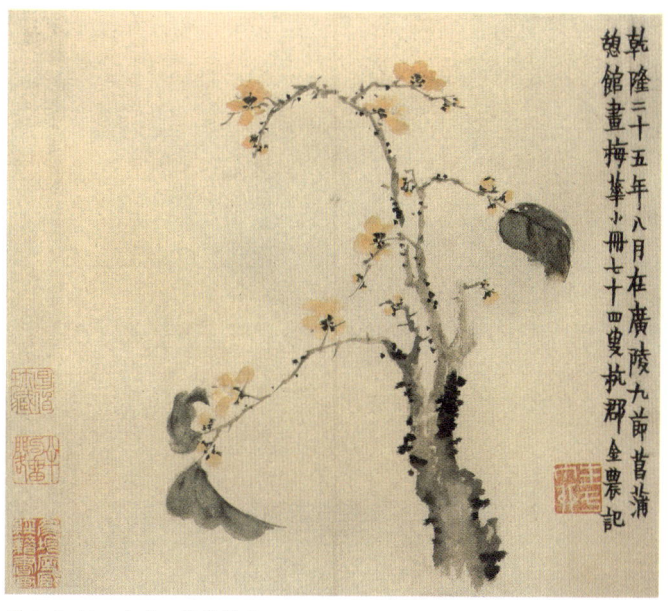

图 1-3-19　金农　梅花图册

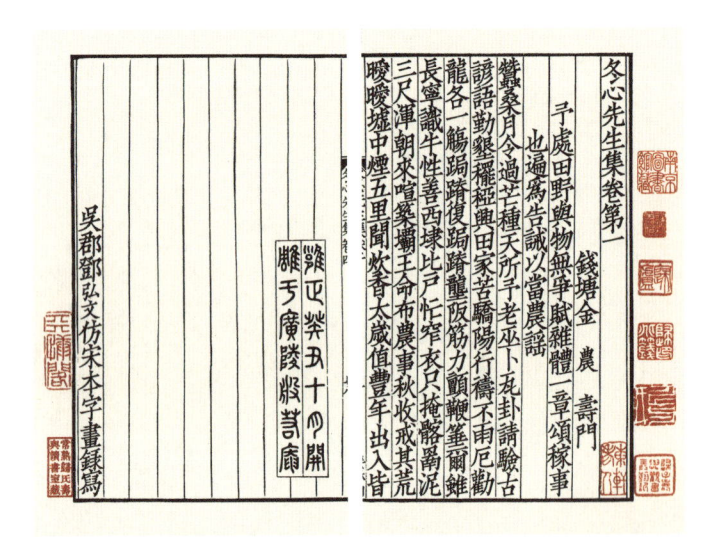

图 1-3-20 《冬心先生集》 清雍正十一年(1733)广陵般若庵刻本

郑燮号称诗、书、画"三绝"(图 1-3-21),也为"扬州八怪"之一。郑燮自著《板桥集》在刊印时,部分内容由他亲自手书上板,《板桥集》(图 1-3-22~图 1-3-24)精美雅致,堪称艺术珍品。

《海国图志》是魏源在扬州期间所著,旨在"师夷长技以制夷"。此书编成后,即在扬州以活字本和刻本印行(详见第二章)。著名学者汪中(1744—1794),字容甫,江苏江都(今扬州)人,其著作《容甫先生遗诗》有活字印本传世(图 1-3-25)。

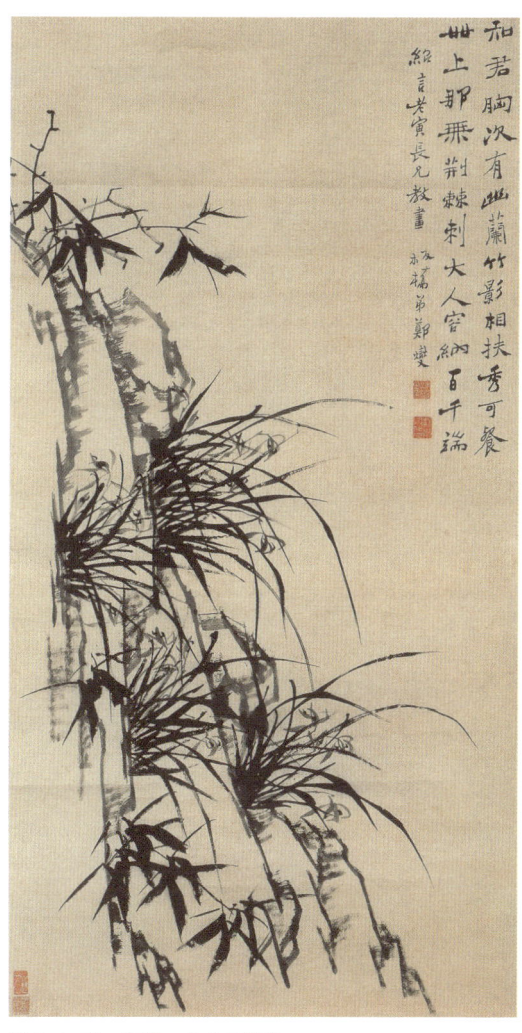

图 1-3-21 郑燮 竹兰石图轴

图 1-3-22 《板桥集》 清乾隆刻汇印本

图 1-3-23 《板桥集》 清乾隆刻汇印本

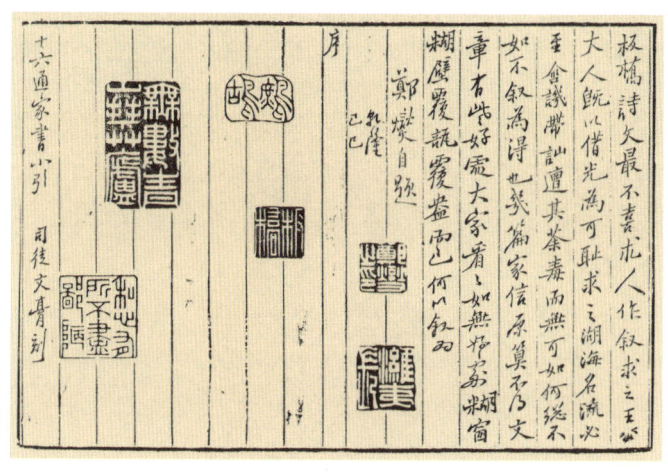

图 1-3-24 《板桥集》 清乾隆刻汇印本

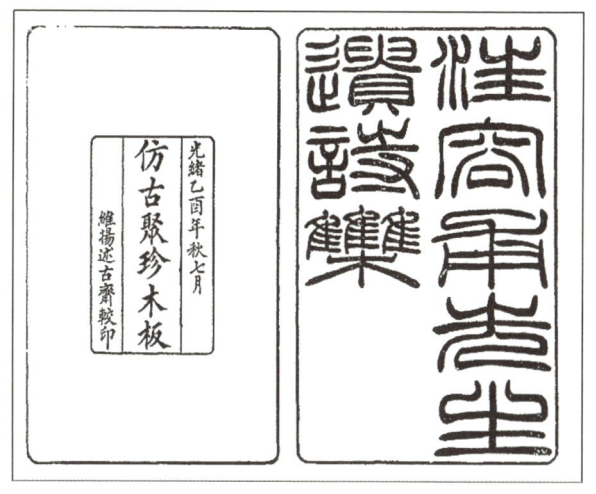

图 1-3-25 《容甫先生遗诗》 清光绪十一年(1885)维扬述古斋活字印本

清代扬州坊刻

清代扬州地区书坊林立，乾隆时期书坊之多堪称"星罗棋布"。书坊刻印的书籍品种繁多，包括通俗小说、唱本、说唱本、剧本，尤其是各种启蒙读物，各家竞相刊刻。虽然它们不如官刻、家刻精良，但在文化普及方面功不可没（图1-3-26）。

清李斗《扬州画舫录》（图1-3-27）在记载乞儿所唱《小郎儿曲》被书坊刻印的情形时云："郡中剞劂匠多刻诗词戏曲为利，近日是曲翻版数十家，远及荒村僻巷之

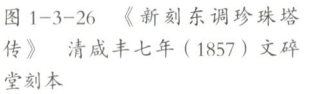

图1-3-26 《新刻东调珍珠塔传》 清咸丰七年（1857）文碑堂刻本

图1-3-27 《扬州画舫录》 清乾隆六十年（1795）刻后印本

星货铺，所在皆有。"可见当时书坊刻书传播面之广。

清代扬州的木版年画远近闻名（图 1-3-28~图 1-3-32）。云蓝阁是清末民初扬州著名木版图画刻印坊，创办人陈云蓝是清咸丰至光绪间扬州人。其于同治初在扬州创立"云蓝阁纸坊"，主营版刻年画、图饰信笺，兼营名人字画、文房四宝，所生产的年画、笺谱精美出色，广受欢迎（图 1-3-33）。

图 1-3-28 《天仙送子》 扬州木版年画

图 1-3-29 《五子夺魁》 清扬州刻印木版年画

图 1-3-30 《招财童子》 扬州木版年画

图 1-3-31 《张仙送子》 扬州木版年画

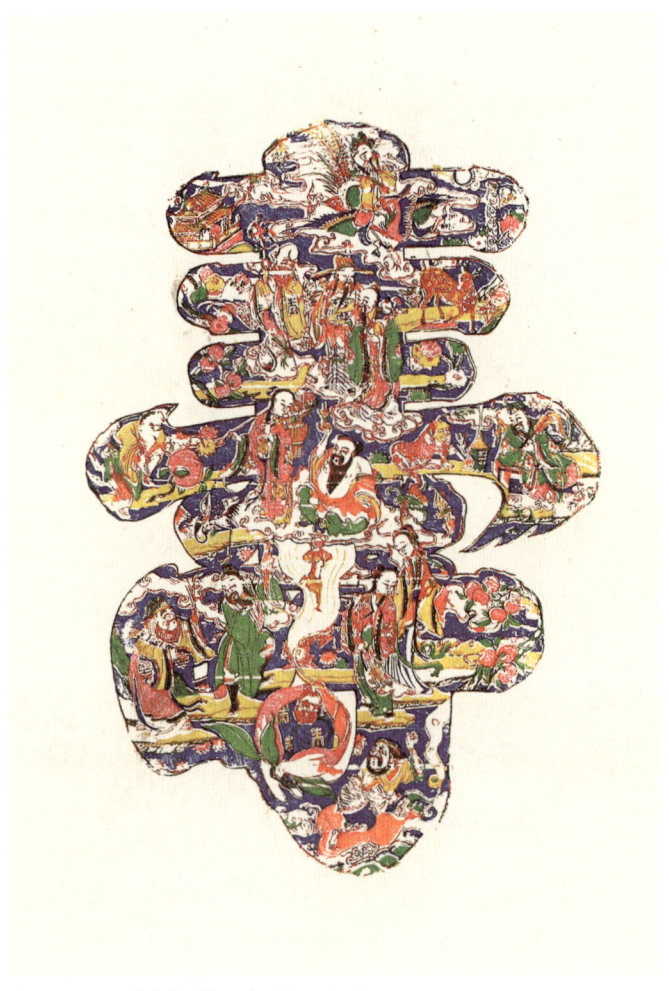

图 1-3-32 《寿字图》 扬州木版年画

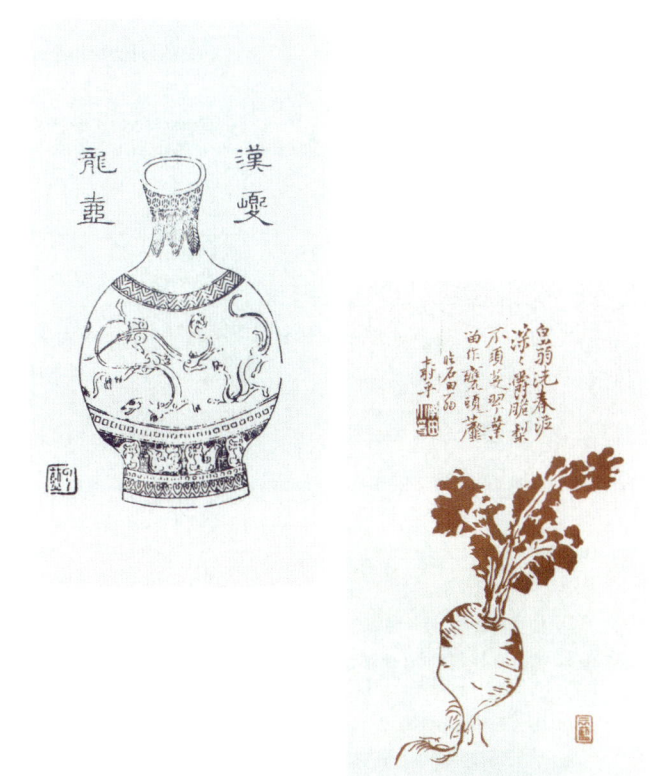

图 1-3-33　扬州云蓝阁笺谱

清代扬州刻经

明清以来,特别是近代,扬州佛经刻印颇具规模,比较大的佛经刊刻机构有江北刻经处、扬州藏经院等。所刻佛教经论流通颇广,有的远销海外。

江北刻经处设于江都砖桥法藏寺,为清同治五年(1866)妙空法师创办。所刻佛经,校勘认真,刻写工整,远销海内外,在国内外享有一定的声誉,被学术界、宗教界称为"扬州刻本""砖桥刻本"。

扬州藏经院位于扬州城内皮市街宛虹桥西首,始建于明万历年间,为保存佛经而建。清咸丰间毁于战火。同治间重建,并设立扬州刻经处,刻印本院所藏经书,民国末年停办。所藏经版2万多块,现由扬州相关单位收藏。

民国时期扬州雕版印刷与陈恒和书林

由于扬州地区传统文化积淀深厚,一方面有许多热爱刻书的人,另一方面雕版印刷工艺不乏传人,所以从清末至民国,扬州雕版业虽然规模和数量都不大,但官刻、家刻和坊刻都一直延续到民国后期。民国中期,陈恒和书林大力从事雕版印刷,以出类拔萃的优异业绩,被誉为扬州坊刻的后起之秀。

陈恒和(1883—1937),江都杭集(今属扬州)人。1923年在扬州创设"陈恒和书林",并由经销书籍发展到印书发售，又由租版印书发展到刻版印书。陈恒和去世后，其子陈履恒继承父业主持书坊业务。陈恒和父子两代悉心搜集乡邦文献稿本所辑刊的大型丛书《扬州丛刻》，广为世人称道（图1-3-34）。

位于扬州东南郊的杭集，清代以来，这一带雕版印刷艺人众多，写工、刻工、印工、装订工技术齐全，世代相承。清末至民国，扬州雕版印刷衰微，杭集一带以此为业的匠师组班结队外出揽活，被称为"扬帮"，代表人物是著名的雕版艺人陈开良。陈开良去世后，其子陈正春继为"扬帮"领头人。

图1-3-34 《扬州丛刻》 民国扬州陈恒和书林刻本

第四节　复兴时期（当代）

随着现代印刷技术的崛起，古老的雕版印刷渐趋式微。中华人民共和国成立后，陈恒和书林以及其他书坊加入公私合营扬州古旧书店，继续从事雕版古籍的收藏、整理，并成为广陵古籍刻印社的前身。1958年，散落于扬州周边地区的刻书艺人集于扬州，从事古代版片的修补工作，并新刻了部分版片。为使这一古老的传统印刷工艺不至于湮没失传，广陵古籍刻印社于1960年成立，承担起古籍版片的征集、收藏、整理、保护等任务，并从事古籍的出版工作。"扬帮"领头人陈正春参与了刻印社的筹建。1962年起，在国务院的协调下，苏、浙、皖一带的古籍版片约20万片汇集扬州，统一进行修缮和保管。其中丛书57种、单行本125种，计8900多卷。"文革"中，这项工作被迫中断。1978年，恢复并定名为江苏广陵古籍刻印社。1999年，广陵古籍刻印社更名为"广陵书社"，原所属的扬州广陵古籍印刷厂更名为"扬州广陵古籍刻印社"。2002年，国家新闻出版总署正式批准广陵书社为出版社。2005年，广陵书社与扬州广陵古籍刻印社实行编印分离，各自独立经营。

多年来，广陵书社（更名前后）已刻印出版各类古籍、线装图书累计达5000多种，包括雕版线装古籍、影印各类地方志书、大型学术资料图书、书法碑帖及艺术类图书等，其中有许多极具收藏价值与欣赏价值的古典著作和资料文献。该社保存着全套古籍雕版刷印工艺流程，从写样上板、雕版刻字到印刷装订的20多道工序全部采用古老的传统手工工艺，刻印的古籍选料与制作精细，款式古朴典雅。该社还"复活"了古代活字印刷技术，相继推出了泥、锡、铜、木活字及木版与瓷版印本《唐诗三百首》（图1-4-1）、《毛泽东诗词》《孙子兵法》和《论语》等。该社以饾版套色水印传统工艺影刻《北平笺谱》，为传承中国的传统套色印刷术进行了有益的尝试。扬州当代雕版印刷已成为中国文化的一张独特名片。毛泽东主席赠送给日本前首相田中角荣的《楚辞集注》，就是用该社的雕版版片印制的。为了更好地继承和传播中国古代优秀文化传统，该社还与中华书局合作，印制了汉英对照本《论语》。另外，该社的雕版技师还为日本禅文化研究所新雕刻佛经典籍。2002年12月，广陵书社被正式批准

图1-4-1 《唐诗三百首》 活字暨雕版印本

为出版社后,成为一家独立的融选题、编辑、印刷、装订为一体的出版单位,迈入了一个崭新的发展阶段。2019年,南京十竹斋画院推出己亥重刊《十竹斋笺谱》,全部笺谱的笺画与文字内容以中国国家图书馆藏明末原版为底本,由广陵书社雕版印刷传习所工艺美术大师刘坤先生领衔的20余人团队刊刻刷印(图1-4-2),重刊本面向全球公开发行,陆续入藏海内外知名图书馆、博物馆,得到众多专家学者的认可与好评。2022年,广陵书社与各大图书馆合作,甄选清刻本中的精雅珍善之本编为《清刻珍本丛刊》,以宣纸线装、仿真影印的方式出版(图1-4-3~图1-4-5),受到学界好评。

2003年8月,扬州中国雕版印刷博物馆经国务院批准成立,以10万余片珍贵古籍雕版版片作为主体馆藏,其中不乏孤本、珍本(图1-4-6)。

图1-4-2 己亥重刊《十竹斋笺谱》

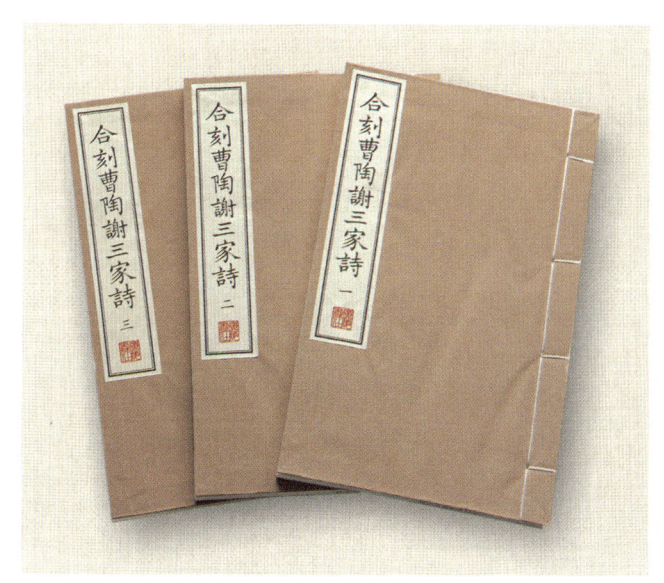

图 1-4-3 《合刻曹陶谢三家诗》 2022年广陵书社影印清康熙刻本

图 1-4-4 《板桥集》 2022年广陵书社影印清乾隆刻汇印本

图 1-4-5　《唐人三家集》　2022 年广陵书社影印清道光江都秦氏石研斋刻本

图 1-4-6　明《治平言》雕版及其对应的刷印书叶

2006年5月，由江苏省扬州市申报的"雕版印刷技艺"入选经国务院批准文化部确定的第一批国家级非物质文化遗产名录，保护单位为扬州广陵古籍刻印社。2007年6月，文化部公布了第一批国家级非物质文化遗产项目代表性传承人名单，扬州广陵古籍刻印社陈义时先生（著名雕版艺人陈正春之子）位列其中。其后陈义时先生陆续推出影宋刻本《荀子》（图1-4-7）、《唐女郎鱼玄机诗》等精品力作。2009年，"中国雕版印刷技艺"入选联合国教科文组织公布的人类非物质文化遗产代表作名录。此项目申报工作是由扬州广陵古籍刻印社、南京金陵刻经处、四川

图1-4-7　《荀子》　影宋刻本

德格印经院三家单位联合申报的。三家单位各有所长,在各自领域为中国雕版印刷技艺走向世界作出了巨大贡献。从此以后,中国雕版印刷技艺 1300 多年的历史,不仅会得到更好的保护并得以延续与发展,而且能够跨越时空,走向更加广阔的新天地。

第二章 书苑英华

第一节 宋元珍椠

从文献记载看,扬州刻书事业始于唐代中期,至五代时期扬州也有刻印书籍问世,但目前尚未发现唐至五代扬州刻书原本传世。据学者统计,在宋元时期,扬州地区刻书或扬州人主持刻印的书籍目前已知的共有十几种,只是原本大都已不存世。如南宋扬州州学刻本《梦溪笔谈》、广陵人徐铉领衔主持完成的北宋国子监刻本《说文解字》等,都是宋代扬州刻书的经典名作,但原刻印本现皆已失传,我们仅可见到后世的重刊本。再如元代扬州刊行《榘庵集》《王左丞遗文》《勤斋集》等,原刻印本现也未见传本存世。目前已知宋元刻书原本存世的有北宋吴守真捐刻本《金刚般若波罗蜜经》、南宋高邮军学刻本《淮海集》、南宋淮东仓司刻本《注东坡先生诗》、元扬州路儒学刻本《石田先生文集》等数种。历经千百年风风雨雨,这些珍椠秘籍,现分藏于我国北京、上海、台北等地的知名图书馆,还有的分藏于日本、美国的名寺名校。今天,我们可以通过阅读仿真影印本与数字扫描本,仔细品味每部书背后动人的传奇故事。

北宋吴守真捐刻本《金刚般若波罗蜜经》

从文献记载来看,扬州刻书活动始于唐代,而现存最早的扬州刊刻书籍,当为北宋雍熙二年(985)吴守真捐刻本《金刚般若波罗蜜经》(图2-1-1、图2-1-2)。此经为印度大乘佛教经典,简称就是人们熟知的《金刚经》。此经有后秦鸠摩罗什、北魏菩提流支、南朝陈真谛、隋笈多、唐玄奘、唐义净等多位高僧汉文译本,但以鸠摩罗什译本为最早也最流行。如现藏于英国的唐咸通九年(868)刻本《金刚经》(图2-1-3)是世界上现知有确切纪年之最早的刊刻书籍,此本即为鸠摩罗什译本。鸠摩罗什(344—413)是著名的佛经翻译家,原籍印度,生于西域龟兹国(今新疆库车一带)。北宋吴守真捐刻《金刚经》

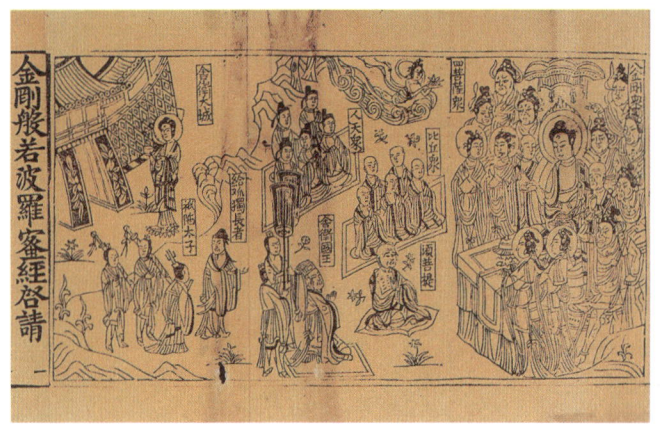

图2-1-1　《金刚般若波罗蜜经》　北宋雍熙二年(985)吴守真捐刻本

图 2-1-2 《金刚般若波罗蜜经》 北宋雍熙二年（985）吴守真捐刻本

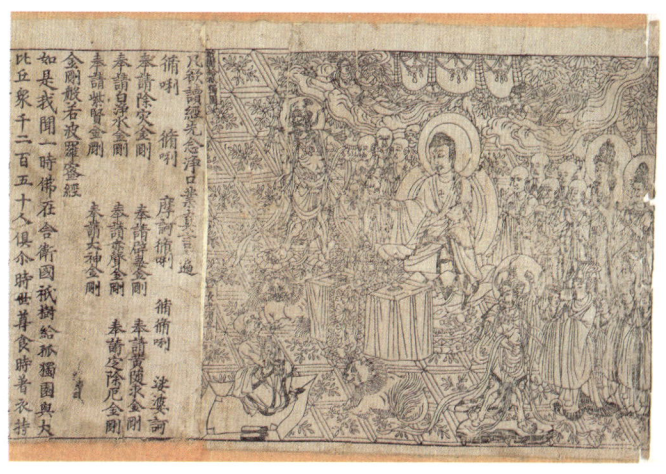

图 2-1-3 《金刚般若波罗蜜经》 唐咸通九年（868）王玠刻本

也为鸠摩罗什译本,此本卷末有以下题记(发愿文):"高邮军弟子吴守真舍净财开此版印施,上答四恩三友,下酬生身父母,然保自身。雍熙二年六月日纪。"高邮军设于北宋开宝四年(971),治所在今扬州高邮市,当时属淮南路统辖。相比而言,北宋雍熙本比唐咸通本晚出100多年,两种版本卷首都有精美的释迦说法图扉画。雍熙本扉画内容较咸通本复杂,同时线条流畅,刻艺高超,堪称宋代佛教版画图像之典范,是有明确北宋纪年的佛经扉画中之最早者,目前仅知日本京都清凉寺藏有一部。此经卷发现于寺内由高僧奝然自宋携归的释迦牟尼佛栴檀瑞像(一作"旃檀瑞像")胎内(图2-1-4),因此极为珍贵。这部1000多年前问世的扬州刻书名作能够流传至今,可以说充满传奇色彩。

奝然(938—1016),俗姓秦,生于日本京都,幼入东大寺。北宋太平兴国八年(983)八月,奝然携弟子6人搭宋朝商人船渡海入宋,最初到达台州,驻迹于开元寺,参礼天台山,又经杭州、越州(今绍兴)等数州,到达扬州开元寺,目的是参拜原供奉于此的释迦牟尼佛栴檀瑞像。但佛像当时并不在寺内,而是已辗转迁移至宋都开封。栴檀瑞像是用檀香木雕刻的佛像,传说其源头是印度优填王所造的栴檀瑞像,此像被称为佛教造像的"众像之始"。奝然于十二月抵达开封,拜谒宋太宗,献上铜器、书籍等

图 2-1-4 释迦牟尼佛栴檀瑞像　北宋雍熙二年 (985) 木雕

贡品，宋太宗赐奝然紫衣及例物。雍熙元年（984）正月，奝然参拜栴檀瑞像，其后陆续朝拜了五台山、洛阳白马寺和龙门广化寺等佛教圣地，六月返回开封，再次参拜栴檀瑞像，同时请人摹写了此像。雍熙二年（985）三月告辞金殿，受赐"法济大师"号，以及新刊刻《大藏经》（即《开宝藏》）四百八十一函五千零四十八卷与新译经四十一卷，又御制回文偈颂、绢帛、例物等。六月二十七日重抵台州开元寺。其后购买香木，雇张延皎、张延袭兄弟摹刻栴檀瑞像。雍熙三年（986）六月，奝然携摹刻栴檀瑞像、《开宝藏》等，搭乘台州商船返回日本。翌年二月，奝然护送佛像、佛经回到京都，朝廷举行了盛大的欢迎仪式。奝然圆寂后，朝廷改嵯峨栖霞寺为清凉寺，供奉栴檀瑞像。这尊佛像传入日本，使日本佛教界感到极大的惊喜，人人争睹礼拜，并不断摹写、摹刻，对于日本的佛教信仰和佛教艺术发展都产生了深远的影响。据统计，日本现存的摹刻作品有60尊以上，这些像被统称为"清凉寺式释迦像"。

历经近千年岁月流转，1953年7月，京都清凉寺在修整栴檀瑞像时，意外发现了佛像胎内奝然当年封藏着的大量"纳入品"，包括他的旅行造像始末记和写经、刊本经、版画、绢制五脏六腑、铜镜、铜钱、玉器、铜铃和几百片各种绢料的小片等，其中就有北宋雍熙二年（985）六月高邮军吴守真捐刻本《金刚般若波罗蜜经》。从时间上看，奝然由开封重返台州，恰逢雍熙本《金刚经》刻印完成，奝然有可能在途中经过扬州地区时获得此经，其后封藏入佛像胎内。

北宋开宝四年至太平兴国八年（971—983）刊刻的《开宝藏》，是我国第一部刻本佛教大藏经，也是官版大藏经，所以周边国家和地区向北宋请赐大藏经，都要由皇帝诏赐批准。时至今日，奝然入宋携归日本的《开宝藏》已经烧失。另从海内外来看，《开宝藏》五千零四十八卷整套本也已基本亡佚，近代以来陆续在海内外发现了少量的《开宝藏》零本，这些印本总共才十三卷，其中多数还是残卷。而与《开宝藏》几乎同时刊行的吴守真捐刻本《金刚经》属于扬州地区民间刻经，在各种机缘巧合之下竟能完好保存于世，这不能不说是万分庆幸之事。与此同时，原供奉于扬州开元寺、后辗转迁移至开封的栴檀瑞像，在历史变迁中，目前已失去踪影，而奝然据此像摹刻的栴檀瑞像，如今完好供奉于日本京都清凉寺，也是非常值得庆幸的事。

日本著名学者塚本善隆（1898—1980）先生，曾在京都清凉寺任住持30多年。1957年9月，塚本先生在中国佛学院讲演时表示，日本的佛教不是直接从印度传去的，它传的是中国所翻译的佛经，是通过学习中国佛教徒所研究的、所修行的、所体得的成果而发展和形成的。中国佛教不止是日本佛教教义与佛典的母亲和老师，日本的佛教艺术，也是通过中国而传入的。回望历史，日本京都清凉寺供奉奝然入宋携归的栴檀瑞像，以及佛像胎内原藏北宋吴守真捐刻本《金刚经》等全部"纳入品"，早在20世纪都已成为日本国宝。这些佛像、佛经通过摹刻、翻译，的确是先从印度传至中国，再从中国传至日本。在佛教文化跨国交流中，扬州供奉的佛像与扬州刊刻的佛经，都发挥了重要作用，扮演了重要角色。

南宋高邮军学刻本《淮海集》

北宋文学家秦观（1049—1100），字少游，号淮海居士，高邮（今属江苏）人，元丰八年（1085）进士，曾任秘书省正字、国史院编修官等职。因政治上倾向于旧党，被目为元祐党人，绍圣后累遭贬谪。秦观诗、词、文皆工，而以词著称，当时即负盛名，被誉为"当代词手"。他与北宋文学家黄庭坚、晁补之和张耒，都出于苏轼门下，因此合称为"苏门四学士"。苏轼是继欧阳修之后北宋文坛的领袖人物，在当时的作家中享有巨大的声誉，一时与之交游或接受他的指导者甚多，黄、秦、晁、张四人都曾得到他的培养、奖掖和荐拔。在苏轼的众多门生和崇拜者中，他最欣赏和重视这四个人。现存秦观诗文词作品合集最古的版本，为《淮海集》四十卷《后集》六卷《长短句》三卷，宋乾道九年（1173）高邮军学刻本（图2-1-5），今

图 2-1-5 《淮海集》 宋乾道九年（1173）高邮军学刻本

藏日本内阁文库，已被确定为"日本重要文化财"。《淮海集》四十卷，为辞、赋一卷，诗十卷，文二十九卷；《后集》六卷，为诗四卷，文二卷；《长短句》三卷，即《淮海居士长短句》，共辑录词49题89首，以及10首诗。"两情若是久长时，又岂在朝朝暮暮。"这是秦观《鹊桥仙》词中的名句，全首词正是收录于《长短句》之中。此宋版另有宋乾道九年（1173）高邮军学刻绍熙三年（1192）谢雱重修本（图2-1-6、图2-1-7），现中国国家图书馆、

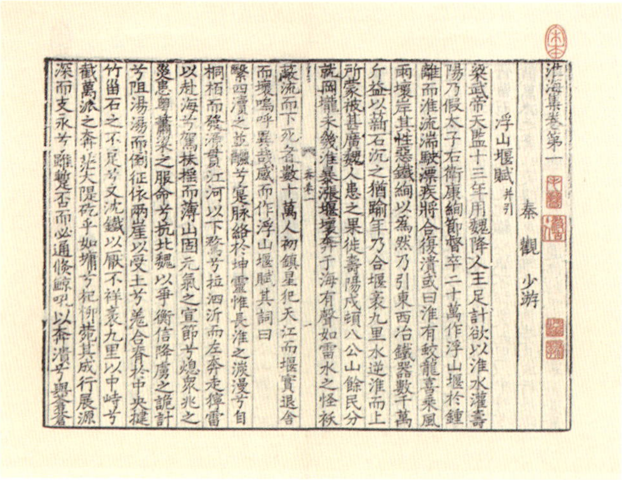

图 2-1-6　《淮海集》　宋乾道九年（1173）高邮军学刻绍熙三年（1192）谢雱重修本

图 2-1-7　《淮海集·淮海居士长短句》　宋乾道九年（1173）高邮军学刻绍熙三年（1192）谢雱重修本

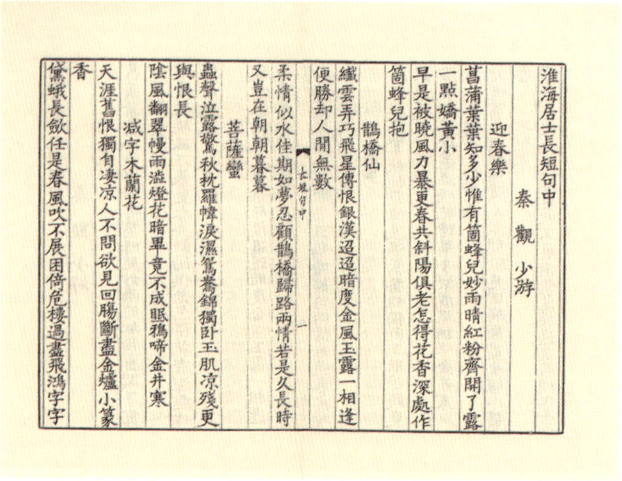

北京大学图书馆、上海图书馆等馆藏有此本；又有宋乾道九年（1173）高邮军学刻宋元明递修本，中国台北故宫博物院、美国加州大学伯克利分校东亚图书馆等馆藏有此本。

中国国家图书馆藏本钤有"丛书堂印""毛子晋""汲古主人""斧季""毛扆之印"等印记，可知此本曾为吴宽丛书堂、毛氏汲古阁旧藏。吴宽（1435—1504），明成化八年（1472）进士第一，状元，官至礼部尚书。毛晋（1599—1659），明末清初藏书家、出版家。毛扆字斧季，毛晋幼子。此本还钤有"乾隆御览之宝""天禄琳琅""天禄继鉴"等印，可知此本为清宫"天禄琳琅"旧藏之书（图2-1-8）。清乾隆九年（1744），敕命将内府所藏宋元明

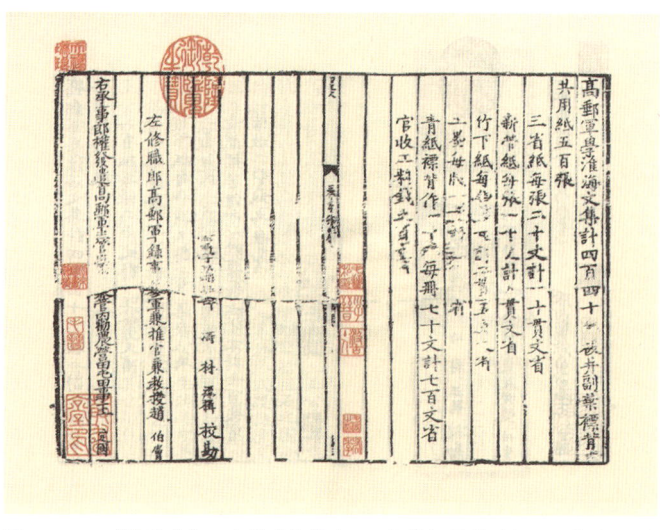

图2-1-8 《淮海集》 宋乾道九年（1173）高邮军学刻绍熙三年（1192）谢雩重修本

清善本提出集中庋藏于乾清宫昭仁殿，御笔题藏室"天禄琳琅"。乾隆四十年（1775）敕命于敏中编成《钦定天禄琳琅书目》十卷，即前编。清嘉庆二年（1797）乾清宫遭火，天禄琳琅珍本秘籍化为灰烬。宫殿重建后复检善本汇于其中，敕命大学士彭元瑞等编撰书目，嘉庆三年（1798）编成二十卷，即《钦定天禄琳琅书目后编》，这部中国国家图书馆藏宋版《淮海集》就著录于此书目中。今天原藏于皇宫的宋版传世名著现已影印收录于《中华再造善本》，读者可随时阅读。

南宋淮东仓司刻本《注东坡先生诗》

苏轼（1037—1101）是中国历史上的文学大家，字子瞻，号东坡居士，北宋嘉祐进士。苏轼具有多方面的文学艺术才能，在诗词、文赋、书画（图2-1-9）等各个领域都取得了非凡的成就。他的诗，洒脱豪放，格调清新，自成一体；他的词，慷慨激昂，清新豪迈，开创了豪放词派；他的散文，汪洋恣肆，明白畅达，与父苏洵、弟苏辙合称"三苏"，同列于"唐

图2-1-9 苏轼 《致至孝廷平郭君尺牍》

宋八大家"。可以说苏轼是北宋最有魅力的文学家，因而在宋代就有许多人为他编刻、注释诗文集进行传播，南宋施元之、顾禧、施宿合注的《注东坡先生诗》便是其中学术价值极高的精品之作。此书是现存最早的苏轼诗编年注本，全帙正文四十二卷，另附《目录》一卷，《东坡先生年谱》一卷，以及陆游序与施宿序跋。初版为宋嘉定六年（1213）淮东仓司刻本，其后有宋嘉定六年（1213）淮东仓司刻景定三年（1262）郑羽补刻本。时至今日，在中国国家图书馆（图 2-1-10）、设于台北的汉学研究中心（图 2-1-11）及北京芷兰斋藏有宋嘉定初版，上海图书馆藏

图 2-1-10 《注东坡先生诗》 宋嘉定六年（1213）淮东仓司刻本 中国国家图书馆藏

图 2-1-11 《注东坡先生诗》 宋嘉定六年（1213）淮东仓司刻本 台北汉学研究中心藏

有宋景定补刻本（图2-1-12、图2-1-13），但皆为残本，各家相合除去重复部分，仅存有正文三十六卷及目录一卷，另有六卷及《年谱》目前尚未见传世原本。

回望历史，施顾《注东坡先生诗》宋刻残本，是历经数百年曲折艰辛和多灾多难的刊印与庋藏过程

图2-1-12 《注东坡先生诗》 宋嘉定六年（1213）淮东仓司刻景定三年（1262）郑羽补刻本 上海图书馆藏

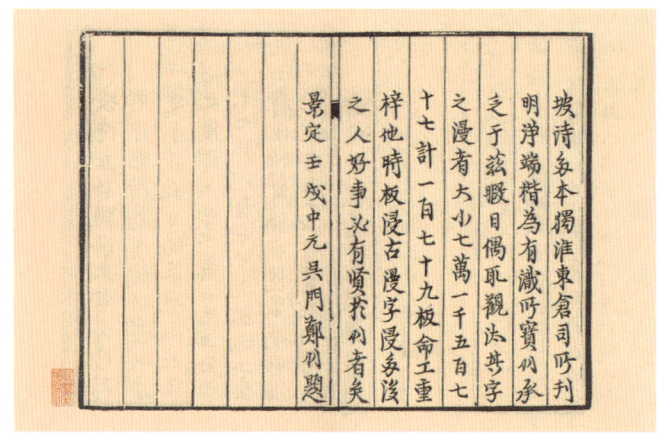

图2-1-13 《注东坡先生诗》 宋嘉定六年（1213）淮东仓司刻景定三年（1262）郑羽补刻本 上海图书馆藏

才得以流传至今的。此书的主要编注者施元之,字德初,吴兴(今浙江湖州市)人。南宋绍兴进士,乾道间为左司谏,以文章著声。顾禧,字景蕃,吴郡(今江苏苏州)人,一生未仕,闭门著述,名重乡里。施宿(1164—1214),施元之之子,字武子,绍熙进士,嘉定时以朝散大夫提举淮东常平仓。据宋周密《癸辛杂识》等文献记载,此本由善写欧体字的书法家傅稚手书上板,傅氏与施宿是同乡,而施宿因动用公款在淮东仓司刊刻此书,被劾罢官,不久去世。直到约10年后,才由其女上书自陈,获得平反。这里的"淮东"即淮南东路,治所在扬州,南宋嘉定年间,领扬、楚、泰、滁、真、通六州,盱眙、高邮二军。"仓司"即提举常平司,是宋代设于各路的财赋管理机构。淮东仓司驻地在泰州。景定年间,郑羽在此发现嘉定书版又进行了补版印行。

宋版施顾《注东坡先生诗》在宋代已称佳本,而元明也未曾刊印,至清代几近散佚,因此一直被学者和藏书家视为"铭心绝品"。如清代著名学者翁方纲(1733—1818)(图2-1-14)

图2-1-14 翁方纲像

在乾隆年间获得此书宋嘉定初版残本,视同拱璧,不仅以"宝苏"为其藏书室题名,并自号"苏斋"。翁氏还每年在苏轼生日时举行"寿苏会",邀请社会名流、亲朋好友、文人雅士,吟诗作画,供祭此书,因而前后得近百位名流题赞于各册护叶上。翁氏此本清末被湘潭袁思亮购藏,因不慎失火而书遭毁损,由于焚余之书大抵仅损及各册周边,被收藏界称为"焦尾本"。随着历史变迁,此本现分藏于海峡两岸的图书馆和私人藏书室。

今天,我们虽然无法观览施顾《注东坡先生诗》宋版原本全貌,但此书很早就东传到日本,时至今日,日本还保存着宋版缺失的《东坡先生年谱》的两种古抄本。与此同时,日本僧人笑云清三所编《四河入海》(图2-1-15),

图2-1-15 《四河入海》 日本古活字印本

是一部由日本禅僧编撰的苏轼诗歌注释本,成书于1534年,其中竟保存了大量的"施顾注",学者们通过整理研究,有可能部分复原已经失传的宋版六卷佚文。

　　苏轼在政治上几起几落,他曾在许多地方做过地方官,因而多次往来于江淮之间,也多次到过扬州。特别是元祐七年(1092),苏轼出知扬州,在扬州前后主政半年,他留下的那些惠民政绩被人们长久传诵着,而他创作的多首与扬州有关的名篇佳作,不少存留于南宋淮东仓司刻本《注东坡先生诗》(图2-1-16)之中。这部宋版传世名著现已影印收录于《中华再造善本》中,我们可以随时捧读观赏。

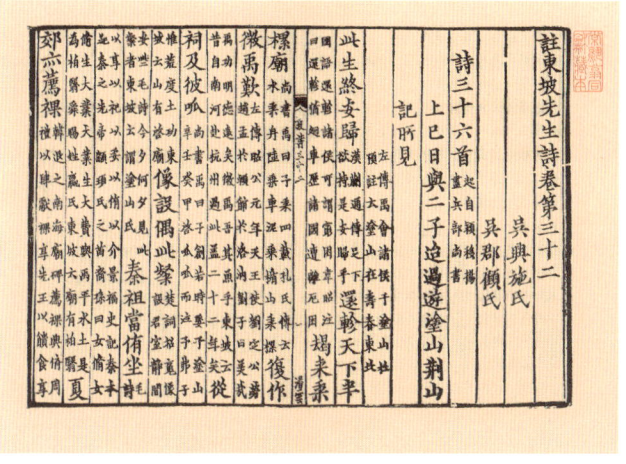

图 2-1-16　《注东坡先生诗》　宋嘉定六年(1213)淮东仓司刻景定三年(1262)郑羽补刻本

元扬州路儒学刻本《石田先生文集》

《石田先生文集》是元代文学家马祖常的诗文集。马祖常（1279—1338），字伯庸，别号石田，光州（今河南潢川）人。元时为基督教世家，曾祖月合乃（1216—1263）始舍基督教而习儒学。马祖常为延祐进士，历官监察御史、礼部尚书、御史中丞、枢密副使，卒谥"文贞"，《元史》有传。他善作诗文，其诗才力富健，其文精赡鸿丽，于元代自成一家，在当时颇有影响。马祖常去世后次年，即（后）至元五年（1339），淮北江东道廉访使苏天爵（1294—1352）奏请朝廷，由祖常堂弟马易朔与苏天爵汇编其诗文成《石田先生文集》。全书诗赋五卷，文十卷，具体内容为：卷一至卷四五言、七言古诗，五言、七言律诗，五言、七言绝句；卷五乐府歌行、杂言、联句、骚、赋；卷六制诏、表笺、青词祝文；卷七章疏；卷八铭、箴、赞、杂文、策问、题跋、记；卷九序；卷十至卷十四碑志；卷十五行状、传；另有附录一卷。卷首有王守诚、苏天爵、陈旅等序，正文前有刊版牒文，可知此书编就后，经名儒校雠无误，具牒发至扬州路儒学刊印。全书字仿赵孟頫体，刻印俱精，版式疏朗，在元刻中最为上乘。今中国国家图书馆所藏元（后）至元五年（1339）扬州路儒学刻本《石田先生文集》（图2-1-17），是目前所知此书于世间仅存的一部元刻本。可惜此书元版部分仅存十一卷，其余四卷及附录由近人抄补而成。此书另有明弘治六年（1493）熊翀刻本，因元刻本流传稀少而不为人所知，于是就有人将弘治序文撤掉，以冒充元刻本。经学者比较研究，元明两本内容有明显差异，由此可见元刻本虽有抄配，但仍是十分珍贵的版本。

中国国家图书馆藏元刻本《石田先生文集》中，有"汪文琛印""士钟""阆源父""郁松年印""周暹"等印，可知此本曾为

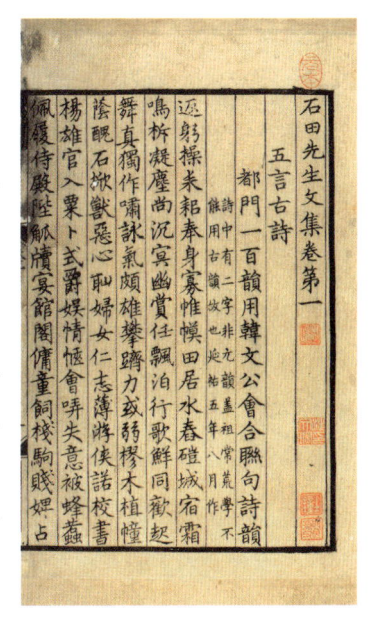

图 2-1-17 《石田先生文集》 元（后）至元五年（1339）扬州路儒学刻本

清代著名藏书家汪士钟、郁松年旧藏珍本。此本民国初为张允亮收藏，后为周叔弢先生所得，他请书画篆刻名家徐宗浩先生将元版缺卷抄全配齐，此本现为全帙，另有徐宗浩校跋并题诗。徐宗浩（1880—1957），字养吾，号石雪，武进（今江苏常州）人。书法学赵孟𫖯，几可乱真。中华人民共和国成立后，周叔弢先生将此传世珍本捐献给北京图书馆（今中国国家图书馆）。

周叔弢（1891—1984），中国现代实业家。名暹，以字行（图2-1-18）。安徽东至人，生于江苏扬州，后移居天津。曾经营纱厂、矿务等，是中国北方民族工商业代表人物。中华人民共和国成立后，曾任天津市副市长、全国政协副主席等职。

图2-1-18　周叔弢先生像

早年从业之余，专以访书为事，藏书斋名"自庄严堪"。经过数十年努力，渐成海内藏书名家。周叔弢先生收藏善本秘籍，除个人兴趣外，还有更深用意，那就是为国家保存民族文化遗产。1942年日本入侵时期，他怕再收善本不易，曾在自订书目上留言："此编固不足与海内藏家相抗衡，然数十年精力所聚，实天下公物，不欲吾子孙私守之。四海澄清，宇内无事，应举赠国立图书馆，公之世人，是为善继吾志。"在中华人民共和国成立后不久的1952年，他将所藏书中之精品715种2672册全数捐给公立图书馆，了却了多年心愿。一个人能将私有之书视为"天下公物"，这种境界实在令人钦佩。除周叔弢先生外，还有傅增湘、赵元方等不少前辈也都有过向公立图书馆捐赠古籍的善举。今天元刻本《石田先生文集》已选入《中华再造善本》影印出版，这样可以为广大读者提供观赏、阅览、研究的机会，可以说实现了当年捐赠者"公之世人"的愿望。

第二节 明清佳作

明清时期，扬州图书出版印刷事业繁荣兴盛，刻书品种数量不仅远超前代，而且在全国同时期也居于领先地位。如明代周弘祖（1529—？）撰《古今书刻》是我国第一部按地区著录版刻和石刻的目录学著作。有学者据通行本统计，此目著录明万历中期以前中央和地方刻印书籍 2482 种，其中南直隶扬州府（包括下属州县）刻书达 75 种。相比而言，此刻书品种数量在全国 15 省区 108 府中不是最多的（如苏州府刻书 177 种），但已超越河南、山东、山西、四川、广东、广西、云南、贵州等各省区的刻书种数。清代扬州刻书业更为兴旺发达，而康熙年间在天宁寺创办的"扬州诗局"主要承制内府刻书，扬州至此成为皇家古籍的刻印基地，使扬州刻书在我国印刷史上进而占有了非常重要的地位。总之，明清时期扬州刻书不仅在数量上占有优势，而且不少传本或内容丰富，校勘精良，或写刻工致，纸墨装潢俱臻上乘。如明两淮都转运盐使司刻本《古今廉鉴》、清扬州诗局刻本《全唐诗》、清扬州刻本《虬峰文集》、清阮氏积古斋刻本《钟鼎款识》、清魏氏古微堂刊印本《海国图志》等书，皆为扬州刻书之传世佳作。

明两淮都转运盐使司刻本《古今廉鉴》

《古今廉鉴》,明乔懋敬撰。乔懋敬,字允德,松江府上海县(今属上海)人。明嘉靖四十四年(1565)进士,授刑部主事,官至湖广布政使。此书为其宦闽(今福建)时所辑,卷首有万历六年(1578)自序。全书八卷,记述古代至明代居官清正廉洁名人事略。卷一春秋战国,卷二西汉、东汉,卷三三国、晋、南北朝、隋,卷四唐,卷五宋、元,卷六至卷八国朝(明)。所载人物,上自春秋季文子,下迄明杨继盛,每人各有传,虽抄撮大略,挂漏尚

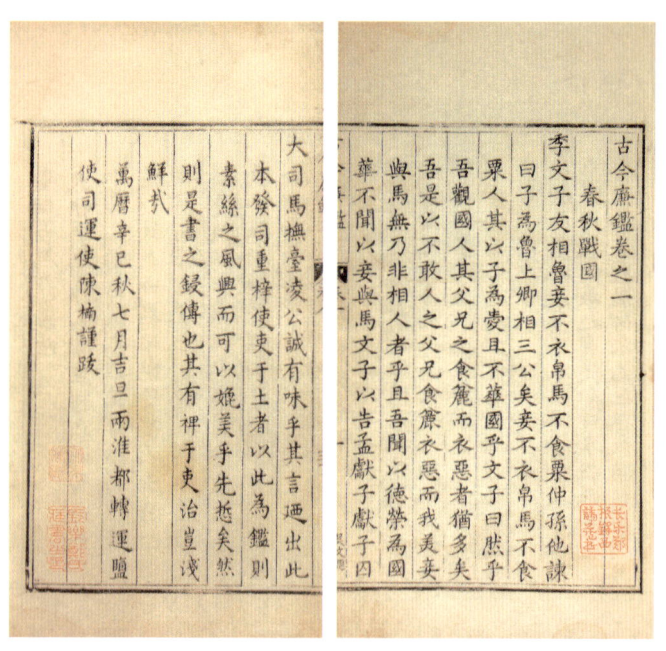

图2-2-1 《古今廉鉴》 明万历九年(1581)两淮都转运盐使司刻本

多，但也辑录了以清操传于世的名人及其清廉事迹，表现了作者对清官廉吏的崇敬。中国国家图书馆藏有该书的明万历九年（1581）两淮都转运盐使司刻本（图2-2-1），卷末有两淮都转运盐使司运使陈楠《重刻古今廉鉴跋》。

两淮都转运盐使司为官署名，明初设置，掌两淮盐政。下辖三分司：泰州、淮安、通州。设都转运使，从三品；同知，从四品；副使，从五品。同知、副使分司进行管理，总于都转运使。所产盐行销应天府、南直隶江北各府州、江西，嘉靖时又增湖广部分府州。陈楠，字子林，嘉靖四十一年（1562）进士，宁波府奉化县（今属浙江）人。陈楠在跋中称，此书刻于闽中，此本为重刊本。

中国国家图书馆藏本钤有"长乐郑振铎西谛藏书"之印。郑振铎先生（1898—1958），笔名西谛，福建长乐人（图2-2-2）。曾任燕京大学、暨南大学等校教授，致力学术研究。全面抗战期间留居上海，坚持进步文化工作。中华人民共和国成

图 2-2-2　郑振铎先生像

立后，任当时的文化部副部长、文物局局长等职。1958年出访途中因飞机失事遇难。根据其生前遗愿，其夫人偕子女将他的2万种约10万册藏书捐赠北京图书馆（今中国国家图书馆）。从《郑振铎日记》可以获知，郑先生1957年1月阅读过这部书，他在日记中写道："连日阅万历本《古今廉鉴》颇有所感。有好些动人的故事，应该加以重述，为今日的借鉴也。"而他本人的事迹更为令人感动，他是真正做到知行合一的人。

清扬州诗局刻本《全唐诗》

《全唐诗》又称《钦定全唐诗》，是一部收集范围较广的唐诗总集。清康熙四十四年（1705），由彭定求、沈三曾等10人奉敕编校，曹寅负责刊刻事宜。全书以明代胡震亨《唐音统签》及清初季振宜《唐诗》为底本，又旁采碑、碣、稗史、杂书之所载拾遗补阙而成。共收录唐、五代约350年间诗歌48 900余首，收入作者2200余人。全书共九百卷，目录十二卷。以帝王后妃作品列于首；其次为乐章、乐府；接着是历朝作者，略按时代先后编排，附以作者小传；最后是联句、逸句、名媛、僧、道士、仙、神、鬼、怪、梦、谐谑、判、歌、谶记、语、谚谜、谣、酒令、占辞、蒙求，而以补遗、词缀于末。它不但全面收集了唐代著名诗人的集子，而且广泛搜罗了一般作家及各类人物的作品，全方位反映了唐诗的繁荣景象。此书最早的版本是清康熙四十六年（1707）扬州诗局刻本，共120册。此本入选《国家珍贵古籍名录》，著录为：《全唐诗》九百卷《目录》十二卷，清曹寅、彭定求等辑，清康熙四十四年至四十六年（1705—1707）扬州诗局刻本（图2-2-3）。

《全唐诗》在编校时，以朝廷之力旁搜博采，又据内府所藏珍本、善本扩充订正，对字句之异同、篇章之互见多有校注，订正了一些所收材料的错误。但由于编纂时材料条件等限制，以及这样一部巨著用不到两年时间编成，因而难免存在漏收误收以及篇章复出、作者张冠李戴、诗题误标、小传小注错误等问题。如对唐宋诗人起过影响的王梵志诗，在唐末广泛流传的韦庄长篇叙事诗《秦妇吟》，都保存在敦煌写本中，当时无从见到，此书也就无从搜罗。但尽管如此，它仍不失为一部资料丰富

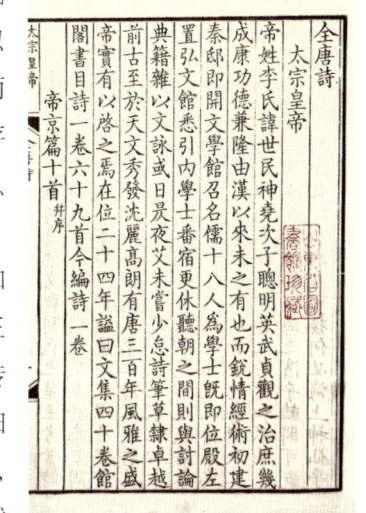

图2-2-3 《全唐诗》清康熙四十四年至四十六年（1705—1707）扬州诗局刻本

和比较完整的唐诗总集。

唐代诗人张若虚是扬州人,《全唐诗》卷一百十七录存其诗两首,一首是《春江花月夜》(此诗在《全唐诗》中重复出现,被同时作为"乐府"收入卷二十一的"相和歌辞"中),另一首是《代答闺梦还》。其中《春江花月夜》最为脍炙人口,有"以孤篇压全唐"之誉(图2-2-4、图2-2-5)。

扬州诗局是清政府的一个著名出版机构,承制内府刻

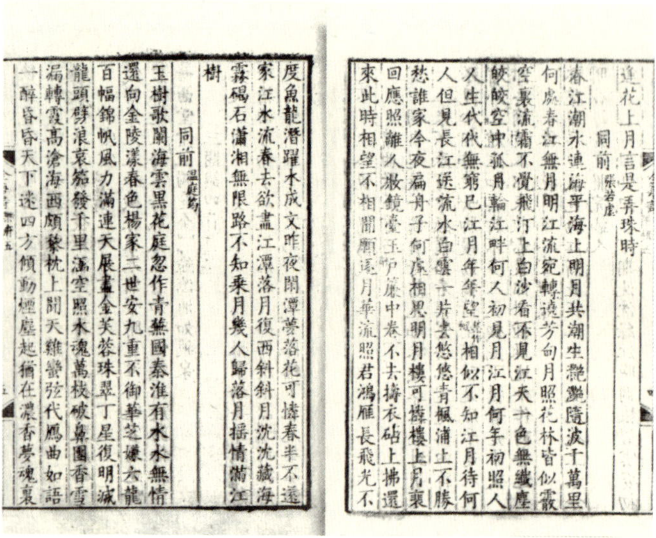

图2-2-4 《全唐诗·春江花月夜》 清康熙四十四年至四十六年(1705—1707)扬州诗局刻本

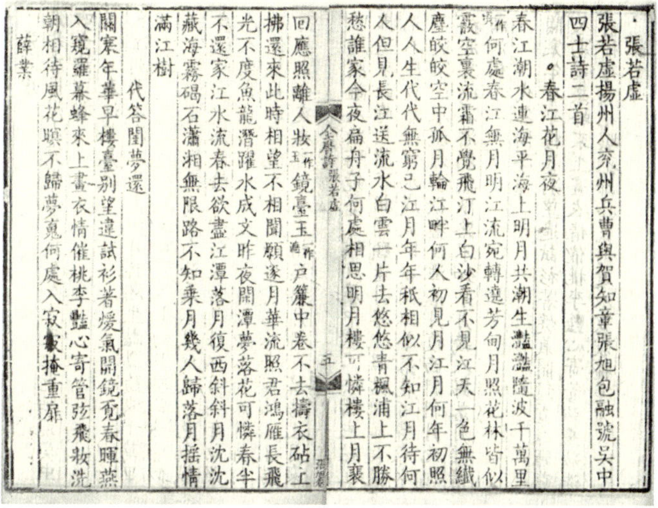
張若虛
張若虛揚州人兗州兵曹與賀知章張旭包融號吳中
四士詩二首
春江花月夜
春江潮水連海平海上明月共潮生灧灧隨波千萬里
一作何處春江無月明江流宛轉遶芳甸月照花林皆似
霰空裏流霜不覺飛汀上白沙看不見江天一色無纖
塵皎皎空中孤月輪江畔何人初見月江月何年初照
人人生代代無窮已江月年年秖相似不知江月待何
人但見長江送流水白雲一片去悠悠青楓浦上不勝
愁誰家今夜扁舟子何處相思明月樓可憐樓上月裴
全唐詩　張若虛　五
回應照離人妝一作玉鏡臺玉一作户簾中卷不去擣衣砧上
拂還來此時相望不相聞願逐月華流照君鴻雁長飛
光不度魚龍潛躍水成文昨夜閒潭夢落花可憐春半
不還家江水流春去欲盡江潭落月復西斜斜月沈沈
藏海霧碣石瀟湘無限路不知乘月幾人歸落月搖情
滿江樹
代答閨夢還
閨寒年華早樓臺别望違試衫著煖氣開鏡覓春暉燕
入窺羅幕蜂來上畫衣情催桃李豔心寄管弦飛妝洗
朝相待風花暝不歸夢魂何處入寂寞掩重扉
薛業

图 2-2-5　《全唐诗》之《春江花月夜》《代答闺梦还》　清康熙四十四年至四十六年（1705—1707）扬州诗局刻本

书。主持者曹寅在康熙时任江宁织造兼任两淮巡盐监察御史，同时主持扬州诗局刊刻《全唐诗》等校勘古籍工作。扬州诗局所刻各书缮写工致，校勘精审，印制雅丽。据故宫博物院网站介绍，扬州诗局所刻书除《全唐诗》外，还有《佩文斋书画谱》《宋金元明四朝诗》等。曹寅（1658—1712），清朝官员、文学家。字子清，号荔轩、楝亭、雪樵。曹雪芹祖父。原籍丰润（今属河北），自其祖父起为满洲贵族包衣（奴仆），隶正白旗。康熙时为近臣，由内务府郎中出任苏州、江宁织造，累官至通政使。善骑射，工诗词，亦能作戏曲。著有《楝亭诗钞》《词钞》及杂剧《太平乐事》等，编刊有《楝亭五种》《楝亭藏书十二种》等。

清扬州刻本《虬峰文集》

《虬峰文集》是清初布衣文人李驎的诗文合集。此集共二十卷：卷一、卷二为赋与乐府；卷三至卷十三为四言、五言、七言古诗，五言、七言律诗，五言、六言、七言绝句；卷十四至卷十八分别为史论、序、传、书、杂著；卷十九为书后、跋；卷二十为志铭、行状、祭文。书首有李驎康熙庚辰（三十九年，1700）自序与康熙丙戌（四十五年，1706）自述，书末有李驎康熙丁亥（四十六年，1707）后序。全书是在清康熙年间由作者友朋资助刻印于扬州（图 2-2-6）。

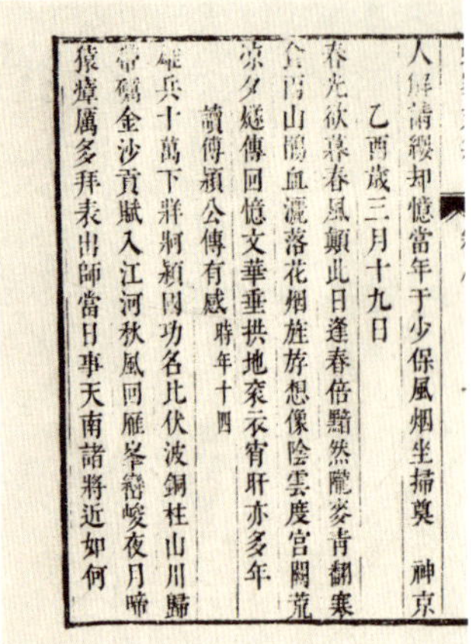
人屏請纓却憶當年于少保風烟坐掃奠 神京
乙酉歲三月十九日
春光欲暮春風顛此日逢春倍黯然罷麥青翻集
今西山鵑血灑落花烟旌旂想像陰雲度宮闕荒
凉夕燧傳回憶文華垂拱地衮衣宵旰亦多年
讀傳潁公傳有感 時年十四
雄兵十萬下牂牁頼因功名比伏波銅柱山川歸
帶礪金沙貢賦入江河秋風回雁峯巒峻夜月啼
猿瘴厲多拜表出師當日事天南諸將近如何

图 2-2-6 《虬峰文集》 清康熙四十五年（1706）刻本

李驎（1634—1710），字西骏，别号虬峰，原名国遴，字简子。兴化人，自署淮南人。明季首辅（宰相）李春芳后裔。明清易代之时仅 11 岁，入清为岁贡生。

因在兴化生活穷苦潦倒，便迁移至扬州居住，以教书卖文度日，终生未入仕。

历经300年风云变幻，清康熙刻本《虹峰文集》目前存世极少，检索《中国古籍善本书目》，仅见中国国家图书馆、复旦大学图书馆藏有此本。据相关档案和文献记载，李骥最后以布衣终老，既无子嗣，也无家产，他在扬州刊刻的《虹峰文集》书版被送至兴化李氏祠堂保存。书版因无后人管理，看守祠堂的族人认为是无用之物，就陆续将它们劈作木柴烧毁，被发现时仅残存一片。乾隆年间，清廷开馆纂修《四库全书》，乾隆在审校进呈书籍时，发现不少著述中有"触碍"问题，便下诏收缴违碍书籍。在此期间，扬州府兴化县奉文设局收缴违碍禁书，于乾隆四十四年（1779）购得《虹峰文集》一部，检阅人员发现此集内论序文章"俱有触碍"，所造诗句也"狂悖甚多"，其中有大量类似"翘首待重明"之语，明显表达了怀念故国、盼望明朝复兴的思想情感。经两江总督、江苏巡抚上奏朝廷，此集及李骥的全部著作都被列为禁毁之书。虽然当时李骥亡故已70年，但对他的处置仍是非常严重。官府先是把仅存的一片书版送至军机处销毁，接着又在各地大举搜讨其书，最后还对其剖棺戮尸。屡经波折磨难，现存两部原版《虹峰文集》，可以说是十分珍贵的漏网遗存之本。

李骅遗民情结深厚,其诗文多感时伤事之作,因而遭遇禁毁,传世颇稀。近年来《虹峰文集》在美术界开始受到较多的关注,因为20世纪后期有学者到图书馆研读原版此集,发现李骅与清初大画家石涛交往比较密切。石涛为明朝宗室靖江王之后,俗姓朱,名若极,明亡后出家为僧,法名原济(一作元济),号石涛,别号大涤子、清湘老人、苦瓜和尚等,晚年定居扬州。在《虹峰文集》中,有关石涛的诗文就有10多篇,这些诗文对于研究石涛的生平及艺术成就等,具有重要的参考价值。如石涛的法名后人误传为"道济",像《清史稿》这类史书中,竟也称石涛为"释道济"。而《虹峰文集》卷十六《大涤子传》中出现的是"原济"之名,此名与石涛作品上的印章、题款可以相互印证。石涛画名传扬四海,在中国绘画史上影响极大,《虹峰文集》现被认为是研究石涛的珍贵文献资料。

《虹峰文集》二十卷诗文兼收,其中诗歌居多,总量达十二卷。李骅在创作上主张"诗宗汉魏盛唐",因而他的诗歌有沉郁顿挫的怀古伤今之作,也有清新自然的写景咏物之作。"春流一湖碧,春月一痕新。悬树光还小,窥园照未真。"这是李骅用淡雅细腻的文笔,在五言律诗《红桥新月》(图2-2-7)中描绘的扬州瘦西湖美景。回望历史,收录此诗的《虹峰文集》曾被列为禁毁书,因此我们

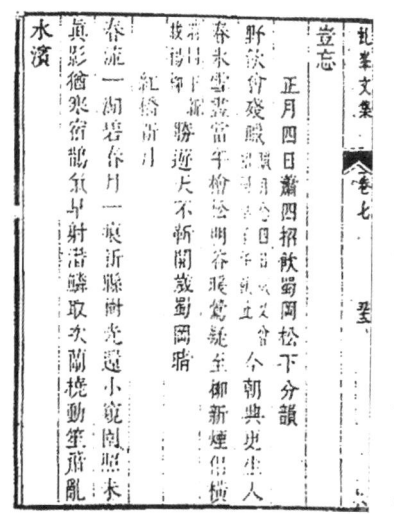

图 2-2-7 《虹峰文集·红桥新月》 清康熙四十五年(1706)刻本

可以想象,假如没有前人冒着极大的风险悉心守护这部典籍,李骐的《红桥新月》以及集中更多的优美诗篇也许无法流传至今。

清阮氏积古斋刻本《钟鼎款识》

南宋王厚之辑《钟鼎款识》是中国古代的金石学名著。王厚之(1131—1204),字顺伯,号复斋,祖籍临川(今江西抚州),徙居诸暨(今属浙江)。王安石之弟王安礼四世孙。乾道进士。历官淮南通判、临安(今浙江杭州)知府、江东提刑,以直宝文阁致仕。博雅好古,深通籀篆,富藏彝器石刻,为南宋著名金石学家。金石学是中国考古学的前身,研究对象主要是古代铜器和石刻。"钟鼎款识"是指古代铜器上铸或刻的铭文。此书原册共计三十叶,书册之首有篆文"钟鼎款识"四字,前代学者均定为元朝赵孟頫所书。全书收录钟七、鼎二十一、饮一、爵六、鬲三、卣六、敦四、簠一、甗一、壶二、刀一、汉器一、盘二、镫一、尺一、簠一，共计商、周、汉、晋代59件青铜器铭文拓本。每器之前有王厚之所题的器名，部分器物记出土地点、收藏之人，又释其文字，略加考证，并钤盖"复斋珍玩"等印记。此书在后世长期以宋拓本真迹传世，因此受到历代学者的珍视和推崇，宋元明清数百年来屡经名人收藏题跋，自王厚之传至赵孟頫，又先后辗转，迭经项元汴、曹溶、朱彝尊、马思赞、汪森、陆恭等名家收藏，另有查慎行、胡开泰、查嗣瑮、龚翔麟、翁嵩年、沈元沧、金农、钱泳、钱大昕、翁方纲诸人题跋。清嘉庆七年（1802）阮元从陆氏（陆恭、陆沉叔侄）松下清斋得此宋拓本，与学者合作对全书重新加以考释，并以隶体字注出，以别于王厚之宋拓原本各种字体。其后由阮元幕府中善书的学者周良将宋拓铭文及后人题跋、钤印、考释全部手摹上板，于当年秋摹刻成书，版心上镌"宋王复斋钟鼎款识"，下镌叶次及"积古斋藏宋拓摹刻"（图2-2-8）。积古斋是阮元珍藏钟鼎镜砖等金石古器物之室。

阮元（1764—1849），清代大臣、学者。字伯元，号芸台。江苏仪征人，出生于扬州。乾隆进士。历任浙江、河南、江西巡抚，湖广、两广、云贵总督，官至体仁阁大学士。卒谥"文达"。精研经学，提倡朴学，长于考证，还研究天文、历算、地理等学，著述颇丰，堪称通才。主持编刻

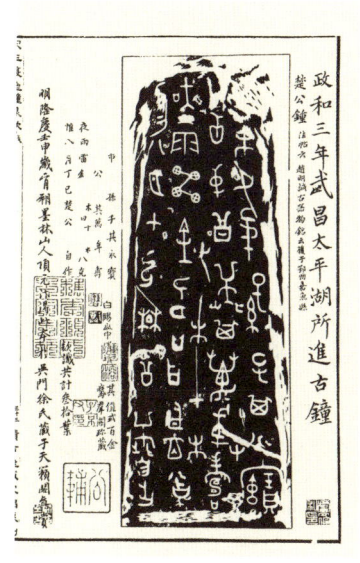

图 2-2-8 《钟鼎款识》 清嘉庆七年（1802）摹刻本

图书，对于古代学术的总结与发展，作出了不可磨灭的贡献。有关宋拓本《钟鼎款识》自陆氏松下清斋归阮元收藏的细节，阮氏积古斋刻本中未见述及。而在清人著述中，可以发现有几种不同的说法，有阮元购得说，也有阮元以汉代瓦砚易得说。另据清代学者姚元之（1773—1852）在《竹叶亭杂记》中记载，陆恭（1741—1818）自扬州以银220两购得此宋拓本，他的侄子陆沅（1777—1807）将此册携至杭州，当时阮元任浙江巡抚，也在杭州。陆沅想请阮元给宋拓本题跋，阮元则欲以原价购入此册，但未能实现。后来陆沅在西湖御碑旁刻"内阁中书臣陆某敬观"等字，当地官员以"大不敬"之罪将其置狱。阮元认为陆沅"书生无知"而为其开释，其后陆氏以宋拓原本酬赠阮元。当然，这些说法都只能看作是传说，要还原历史的真相，还需有更为客观的史料来佐证。阮元获藏此宋拓本后，当年就主持对《钟鼎款识》加以考释摹刻，使此书在以宋拓本真迹流传数百年后，首次以刊本传世。阮元主持对此书的考释，大多证以文献，严谨审慎，同时还纠正了王氏的一些误释。对于残损不清的铭文宁可阙疑，也不强作解释，所以其考释大多是可靠的。与此同时，此本摹刻精审，神采墨色，俱臻上乘。

据文献记载，道光二十三年（1843）春，阮元所居福寿庭发生火灾，宋拓本原册毁于火，阮氏积古斋摹刻版片也同时消失，因而阮氏摹刻印本传世较少。中国国家图书馆现藏有一部阮氏积古斋摹刻本《钟鼎款识》，为琉球纸印本，此本有阮元手跋："费西墉同年册封琉球，归舟以佳纸百番相赠，因印此书，颇精致也。"费西墉即费锡章（1752—1817），字焕槎，号西墉。浙江归安（今湖州）人。乾隆举人。琉球为古国名，即今琉球群岛。明清时期，中琉交往频繁，琉球国王去世、新国王袭位，明清皇帝都要派使臣前往祭奠、册封。据文献记载，明清对琉球的册封共23次，第21次册封在清嘉庆十三年（1808），以翰林院编修齐鲲（1770—1820）为正使、工科给事中费锡章为副使出使琉球，册封其国王尚灏。费锡章归来时将携回的琉球纸赠送阮元，阮元用此纸刷印《钟鼎款识》，因此非常珍贵。

著名文字学家容庚先生（1894—1983）毕生致力于金文（即古代铜器上的文字）研究，撰有《钟鼎款识述评》一文。据此文介绍，《钟鼎款识》除阮氏积古斋摹刻本外，还有两种清代翻刻本，一是清道光二十八年（1848）汉阳叶志诜翻刻本（图2-2-9），另一是版心人名翻刻本（图2-2-10）。这两种翻刻本现在都有传世之本。叶志

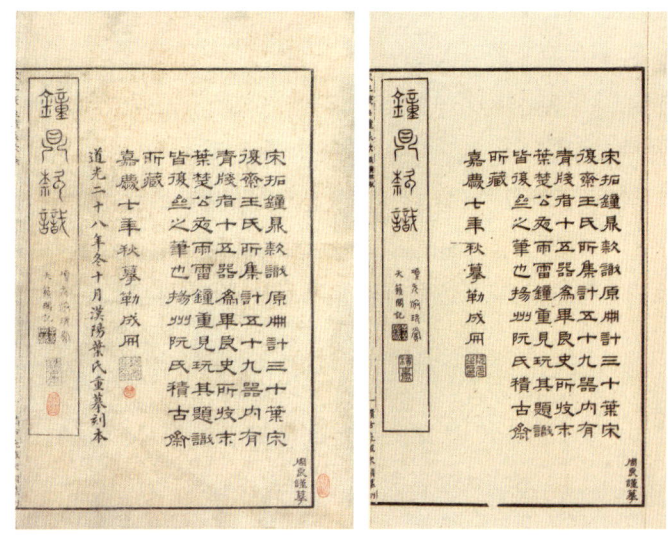

图2-2-9 《钟鼎款识》 清道光二十八年（1848）汉阳叶志诜刻本

图2-2-10 《钟鼎款识》 清刻本

诜（1779—1863），字东卿，官至兵部郎中，精金石学。清汉阳人。其子叶名琛（1807—1859），字昆臣，道光进士。道光二十八年（1848）任广东巡抚，将父亲接至任所迎养。当年四月，叶志诜就养南行，路过扬州拜访阮元，阮元以原刻初印本嘱叶氏重刻。此年冬，书刻成于广东抚署，有叶氏跋。版心人名翻刻本是指版心署有黄林秋、徐福卿等刻工姓名之本，书内间有错字，流传较多。据清末藏书家、版本学家叶德辉（1864—1927）在《郋园读书志》中记载，《钟鼎款识》在杭城书市有新印本，经与阮氏积古斋刻本对校，新印本有不少误字，叶德辉认为此本是阮刻"洗版修补之本"，阮刻版片"当是彼时为人窃藏"。长期以来，不少学者对叶德辉此说表示认同。时至今日，《钟鼎款识》的阮氏刻本与翻刻本已有影印本或数字扫描本。经比较，叶德辉所见新印本误字恰与版心人名翻刻本相同，而版心人名翻刻本的字体与阮氏初刻本略异，因而叶德辉所见新印本当为翻刻本。容庚先生认为此本"翻刻尚佳，今所流传，多此本也"。由此可知，阮氏积古斋摹刻本《钟鼎款识》流传至今实属不易，其价值尤显珍贵。

清魏氏古微堂刊印本《海国图志》

"师夷长技以制夷"，这是出自清末思想家魏源《海国图志》中的名言。《海国图志》是魏源受林则徐嘱托而编著的一部世界地理历史知识的综合性图书。魏源（1794—1857），清末思想家、史学家、文学家。原名远达，字默深，湖南邵阳人。曾入京任内阁中书，后侨寓扬州。道光二十五年（1845）进士，先后任东台、兴化知县，官至高邮知州。林则徐（1785—1850），清末政治家。字元抚，一字少穆，福建侯官（今福州）人。嘉庆进士。历任江苏巡抚、两江总督、湖广总督等。曾受命为钦差大臣，前往广东查禁鸦片，成效卓著，同时积极筹备海防，多次击退英军的挑衅和进攻，成为禁烟运动和抗战派领袖。为了抵御外敌，了解西方情况，他组织人员翻译外国报刊和书籍，请人译述英国慕瑞（1779—1846）所著《世界地理大全》，又亲自润色整理，主持编译成《四洲志》一书。史学界称他为近代中国"开眼看世界的第一人"。鸦片战争爆发后，林则徐因受诬被革职。道光二十一年（1841）又被从重惩处，充军伊犁。他途经镇江时与魏源会晤，将自己主持编译的《四洲志》及有关资料交给魏源，嘱托其撰写《海国图志》。

魏源学识渊博，一生著述甚富，《海国图志》是他的代表作，也是其最具影响力的一部传世名著。《海国图志》先后有五十卷、六十卷、一百卷三种传本，从目前所见魏源在世时的清代刊印本看，每种本卷首都有魏源自撰的《海国图志叙》，叙末皆署"道光二十有二载岁在壬寅嘉平月,内阁中书邵阳魏源叙于扬州"。嘉平月即农历十二月,说明《海国图志》最初成书于1843年1月。另外,六十卷本叙末有"原刻仅五十卷,今增补为六十卷,道光二十七载刻于扬州"。百卷本又增有《海国图志后叙》,末署"咸丰二年邵阳魏源叙于高邮州"。三种传本封面后都有牌记:五十卷本为"道光甲辰仲夏古微堂聚珍板"(1844)(图2-2-11);六十卷本为"道光丁未仲夏古微堂镌板"(1847)(图2-2-12)或"道光己酉夏古微堂重订"(1849)(图2-2-13);百卷本为"咸丰壬子年古微堂重刊定本"(1852)(图2-2-14)。据史料记载,道光十五年(1835),魏源买园于扬州新城,名为

图2-2-11 《海国图志》 清道光二十四年(1844)活字印本

图 2-2-12 《海国图志》 清道光二十七年（1847）刻本

图 2-2-13 《海国图志》 清道光二十九年（1849）重订本

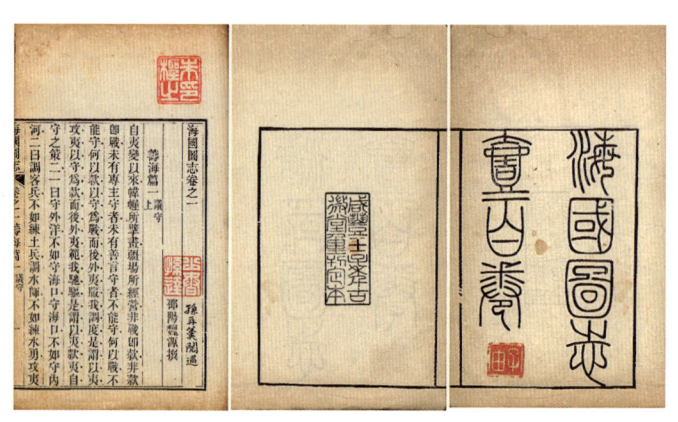

图 2-2-14　《海国图志》　清咸丰二年（1852）刻本

"絜园"，园内有"古微堂"书斋。由此可知，古微堂版《海国图志》的聚珍本（即活字印本）与两种刻本，都是魏源在扬州地区编著和刊印的。

最早问世的《海国图志》五十卷本叙末比各本多出"时夷艘出江甫逾三月也"一语，其中的"夷艘"指的是英国军舰，由这段话我们可以推知此书是在非常特殊的历史背景下编著而成的。众所周知，道光二十二年七月二十四日（1842 年 8 月 29 日），中英在南京签订了结束鸦片战争的《南京条约》（又称《江宁条约》），这是中国近代史上第一个不平等条约。在此之前，英国军舰已直抵南京江面。条约签订后，英舰依约退出长江刚过三个月，《海国图志》五十卷本即完稿于扬州。魏源在这里明确标出重大历史事件的时间，表明他时刻关注时局变化，面对鸦片战争战败后清廷被迫签订丧权辱国条约，他的心情是极为悲愤沉痛的。魏源为探求御侮之策，在林则徐编译的《四洲志》一书和有关中外文献资料基础上编著成《海国图志》。相较而言，百卷本的《海国图志》内容最为丰富，可以全面体现此书的学术成就，也是流传与翻刻较多的通行本。百卷本卷一、卷二为《筹海篇》，深刻总结鸦片战争失败的经验教训，探求富国强兵、抵御外侮之道。突出强调“师夷长技以制夷”（图 2-2-15）的思想，主张学习西方先进的科学技术，在国内设译馆翻译西书，设造船厂、火器局，制造船炮，巩固海防。卷三、卷四为各国地图。卷五至卷七十叙述世界各国的地理、历史、经济、文化、风俗、兵备等情况，深入分析世界政治形势，介绍各种类型国家的政治制度。卷七十一至卷七十三

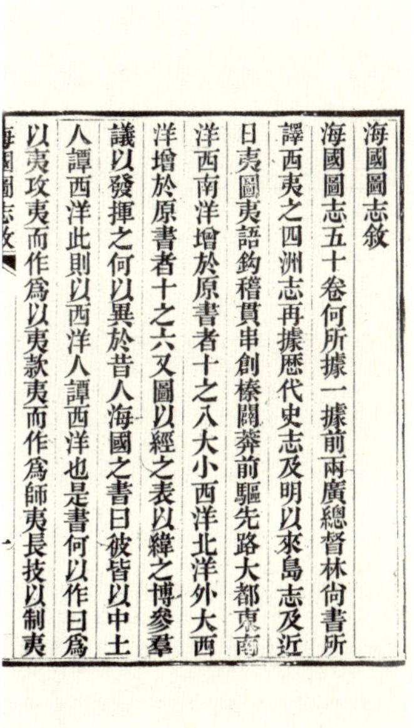
海國圖志敘
海國圖志五十卷何所據一據前兩廣總督林尚書所譯西夷之四洲志再據歷代史志及明以來島志及近日夷圖夷語鈎稽貫串創榛闢莽前驅先路大都東南洋西南洋增於原書者十之八大小西洋北洋外大西洋增於原書者十之六又圖以經之表以緯之博參羣議以發揮之何以異於昔人海國之書曰彼皆以中土人譚西洋此則以西洋人譚西洋也是書何以作曰爲以夷攻夷而作爲以夷款夷而作爲師夷長技以制夷
海國圖志敘

图 2-2-15　《海国图志》“师夷长技以制夷”　清道光二十四年（1844）活字印本

介绍外国宗教、中西历法和纪年的情况。卷七十四至卷八十三介绍中国地理概况及沿海地区形势。卷八十四至卷九十五介绍西方战舰、火器技术。卷九十六至卷一百介绍地球天文知识。总之，此书最早冲破清代"闭关锁国"的思想禁锢，全面而详细叙述了世界各国的地理和历史，主张学习西方的科学技术，提出了一整套以"师夷长技以制夷"为中心的救国方略，对洋务运动和晚清变法维新运动都有积极影响。

19世纪中叶，东亚的中国、日本、朝鲜等国几乎都遭遇了同样的历史命运，即都面临着西方列强不断入侵和封建制度即将崩溃的历史性转折时期。在此内忧外患的危急时刻，当时中国"最先进的思想家"（冯友兰语）魏源编著出版了《海国图志》一书。此书是亚洲第一部最为系统详备叙述世界史地、科技的巨著，而贯穿于全书的"师夷长技以制夷"的主旨思想，则可引导人们去认识世界，探求自强御侮之道，因此具有划时代的意义。《海国图志》六十卷本刊行不久，就很快于1851年传入日本；而此书百卷本问世后，也陆续有多部传入日本。此书开始传入日本时被视为禁书，后来被批准进口并可以正式在市场出售，立刻就在知识分子中引起了浓厚的兴趣和反响，他们争相传阅，并纷纷对此书加以翻译、训解、评论、刊印。为了满足更多民众的阅读需求，从1854年至1856年仅仅三年时间，日本翻刻出版的《海国图志》校订本、训点本与日文译本等各种选本就达20余种之多，这种现象在世界各国文化交流史上都是极其罕见的。总之，传入与翻刻出版的《海国图志》给予日本朝野上下的有识之士以有益启迪，并受到日本维新志士的高度重视，这对19世纪下半叶日本的明治维新起到了重大的促进作用。另外，《海国图志》五十卷本于1845年就传至朝鲜，此后又有多部传入，并很快引起朝鲜思想界以及部分官员的重视。至1876年朝鲜开港，从清朝传入到朝鲜不少"新出奇书"，《海国图志》就是其中影响颇大的一部。此书唤醒了朝鲜一部分有识之士，在近代朝鲜出现了爱国图新、经世至用的新思潮，为朝鲜开化思想的形成和发展奠定了基础。

时至今日，如果我们从自然科学、世界历史地理知识、军事技术等角度去看《海国图志》，其中的错误和误解显然会很多。而近代中日朝等东方国家从《海国图志》中追求的，除了有关西洋的具体知识外，最重要的其实是魏源"师夷长技以制夷"的先进思想。这一思想引导东方国家的有识之士学习西方技艺，加强海防，抵抗外国侵略，为解决当时内忧外患的危机探索正确的出路。而魏源作为首倡对外开放、走复兴之路的先驱，其深刻的思想在今天仍具有启发意义。

第三节　当代精品

印刷术是中国古代的"四大发明"之一，按照出现的时间顺序来看，中国发明的印刷术大致可分为三种：雕版印刷、活字印刷与套色印刷。

在古代中国，雕版印刷是图书的主流印刷方式，而活字与套色印刷在发明后的几百年间，虽时时有人运用并改进，但印出的书籍却很有限。清代后期，西方近现代铅印、石印等机械印刷术传入中国，中国传统印刷术虽与之并行了一段时期，但始终未能脱离手工劳动方式，无法适应书刊生产数量和速度的要求，其主流印刷技术地位最终为铅印等现代印刷技术所取代。

如今，铅印技术也逐步退出历史舞台，世界进入了计算机"冷排"技术居于主流地位的新时代。由于中国古代雕版印刷术曾经对中国文化和世界文化产生过巨大的影响，为使这一古老的传统印刷工艺不致湮没失传，中华人民共和国成立后，江苏出版部门根据国务院指示，在扬州建立了江苏广陵古籍刻印社，专门从事雕版古籍的整理出版和版片保护工作。进入21世纪后，依托机构重组的广陵书社、扬州广陵古籍刻印社和扬州中国雕版印刷博物馆，扬州地区全面"复活"了传统的雕版、活字与套色印刷技艺。特别是由江苏省扬州市申报的"雕版印刷技艺"入选了第一批国家级非物质文化遗产名录，而扬州广陵古籍刻印社与其他单位联合申报的"中国雕版印刷技艺"又入选联合国教科文组织公布的人类非物质文化遗产代表作名录，使扬州刻书在海内外独树一帜，已成为一个异常亮丽的文化符号。

国家级非遗项目代表性传承人陈义时先生的影宋刻本《唐女郎鱼玄机诗》正是"雕版印刷技艺"的精品力作。

影宋刻本《唐女郎鱼玄机诗》

"易求无价宝，难得有心郎。"我们平常在引用此句时会以为是民间谚语，其实这是唐代女诗人鱼玄机用心创作的经典诗句。鱼玄机（约844—868），字幼微，一字蕙兰，长安（今陕西西安）人。由于她身份低微，所以有关她的生平事迹很难出现在正史中。据《三水小牍》《北梦琐言》等小说或笔记文献记载，鱼玄机初为李亿妾。咸通中，出家于长安咸宜观为女道士，与温庭筠（约801—866）等晚唐名家以诗篇相赠答。因杀侍婢绿翘，被京兆尹温璋处死。这些记载传奇色彩浓厚，不可完全凭信。人们或许可以透过阅读鱼玄机的诗作，对她的才华、情感、气韵、个性等产生较为真切的认识。鱼玄机传世诗作有50首，其中绝大多数收录在宋刻本《唐女郎鱼玄机诗》中，此本卷末镌有"临安府棚北睦亲坊南陈宅书籍铺印"（图2-3-1、图2-3-2）。"陈宅书籍铺"是南宋后期临安（今浙江杭州）

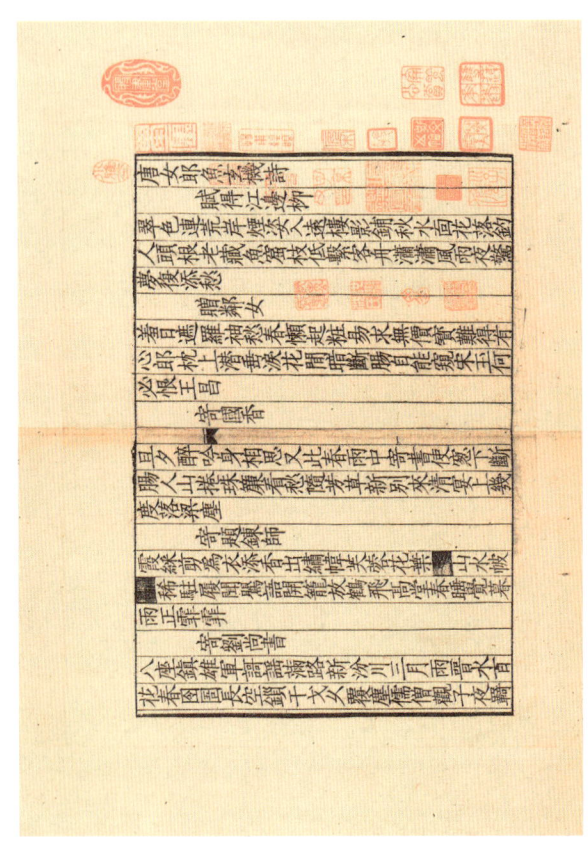

图 2-3-1 《唐女郎鱼玄机诗》宋临安府陈宅书籍铺刻本

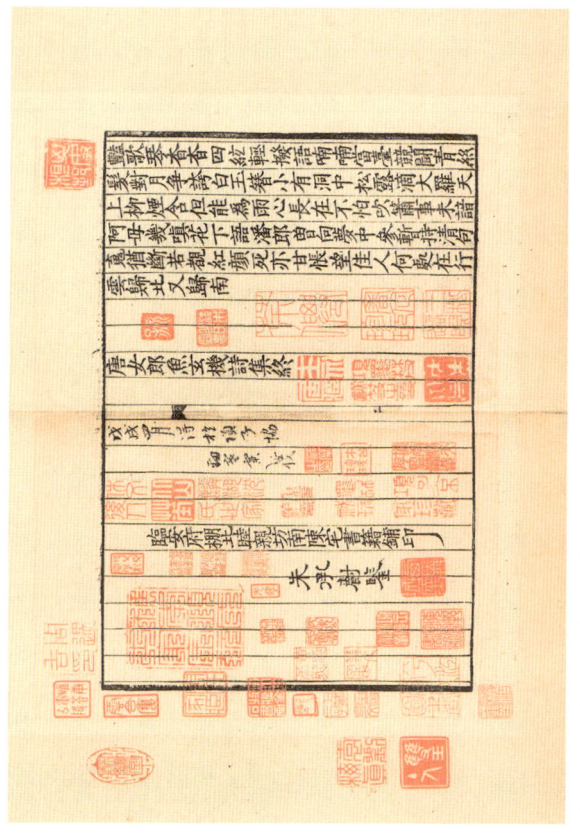

图 2-3-2 《唐女郎鱼玄机诗》宋临安府陈宅书籍铺刻本

的著名书坊，全书镌刻秀丽工整，为陈家坊本中的代表作。此本是现存收录鱼玄机诗作最全又最早的单行本，目前仅知中国国家图书馆藏有一部，书中钤有不同时期的收藏印章40多方，说明此本一直是历代藏书家倾力追求的善本。为了满足阅读需求，此宋刻本《唐女郎鱼玄机诗》在传承的过程中出现了多种影刻本或翻刻本。2015年，由凤凰出版社出版的《古椿阁再造善本丛刊》所录《唐女郎鱼玄机诗》，就是以扬州陈义时先生为核心的雕版印刷技艺传习所，重点采用扬帮杭集古法，据宋临安府陈宅书籍铺刻本为底本的精心影刻之作（图2-3-3）。

图2-3-3 《唐女郎鱼玄机诗》 影宋刻本

从中国非物质文化遗产网可以获知,由江苏省扬州市申报的"雕版印刷技艺"入选2006年第一批国家级非物质文化遗产名录,此项目的相关传承人就是陈义时先生。据介绍,陈义时先生1947年生,江苏扬州人。第一批国家级非物质文化遗产项目雕版印刷技艺代表性传承人,高级工艺美术师,江苏省工艺美术大师。陈义时出生在古籍雕版印刷技艺世家,祖父陈开良、父亲陈正春都是著名的雕版艺人,被称为"扬帮"代表人物。陈义时13岁起就随父亲学艺,尽得父亲真传。加之几十年的勤奋实践,功力深厚,技艺精湛娴熟,对真、草、隶、篆各种字体的雕刻运刀自如,特别擅长宋体和楷体。其宋体雕版锋骨分明,字字如立在版上。所印书籍清晰、美观、典雅,兼有北宋版的整齐庄重、南宋版的秀劲圆润以及元代版的妩媚柔和,艺术风格自成一家,为同行所推崇。

陈义时参与雕刻的版片有:《白隐禅师自笔刻本集成》《里堂道听录》;雕刻的活字有:《唐诗三百首》《孙子兵法》《毛泽东诗词七十六首》等。陈义时的雕版技艺已经传于女儿。2009年,中国申报的"中国雕版印刷技艺"入选联合国教科文组织公布的人类非物质文化遗产代表作名录,这与扬州陈义时等先生对雕版印刷技艺的传承和保护是密切相关的。

细读扬州影宋刻本《唐女郎鱼玄机诗》的《出版说明》，同时目验刻印书叶，人们可以发现，与其他鱼诗新刻本不同，陈义时先生历时一年先精心雕刻40余方历代收藏印章，再精雕正文，然后合榫分墨铺以仿古宣纸刷印，古色古香，视觉感染力强烈，成为鱼诗新刻本中一个独特的朱墨印套章本。全书笔画秀气爽利，与原本几乎不差分毫，可谓精美绝伦。我们知道，中国发明的印刷术大致可分为三种：雕版印刷、活字印刷与套色印刷。所谓朱墨印套章，即陈义时先生在影刻宋本《唐女郎鱼玄机诗》时，为了呈现朱印墨字效果，将雕版、活字、套色技艺融合在一起，并且增加了印章拼版工艺，可以说是对传统印刷术的创新性传承与发展。时至今日，陈义时先生影刻此书的全套朱墨印版完整保存在扬州古椿阁雕版文化传承中心。细观韦长芹经理提供的相关图片（图2-3-4～图2-3-6），我们可以深入了解陈义时先生精湛娴熟的影刻技艺，进而充分领略扬州当代刻书的精彩风貌。

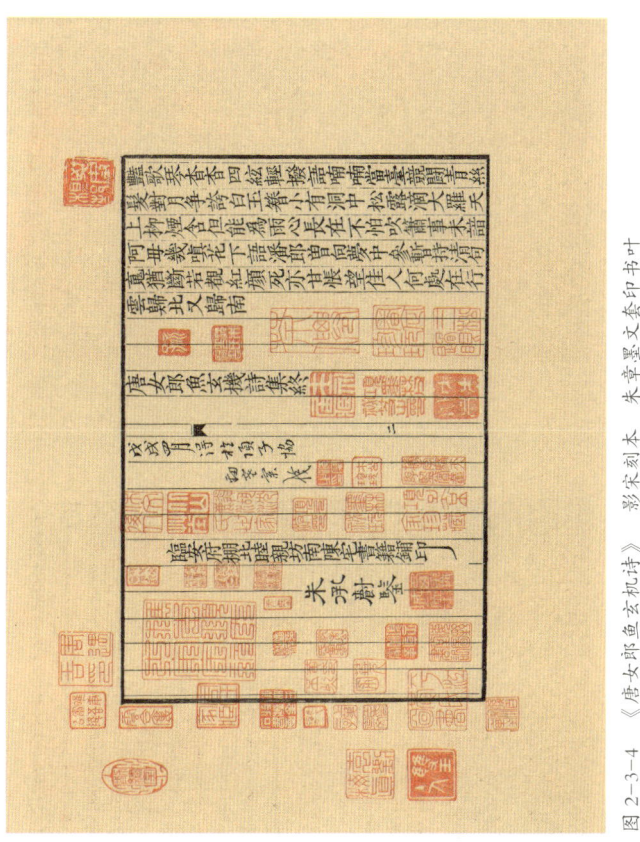

图 2-3-4 《唐女郎鱼玄机诗》 影宋刻本 朱竹垞文衾印书叶

图 2-3-5 《唐女郎鱼玄机诗》 影宋刻本 印章朱色印版

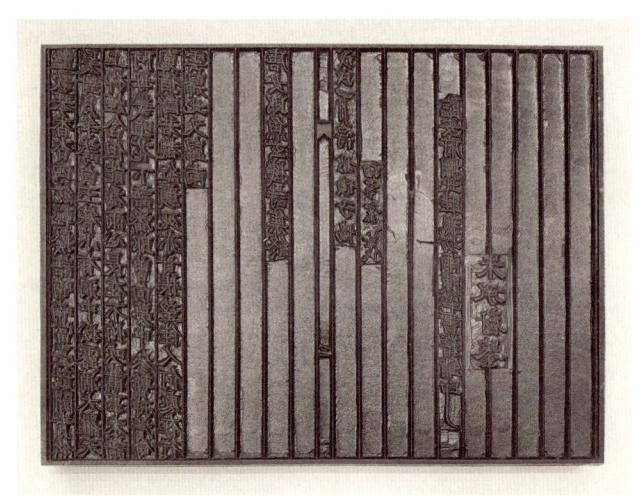

图 2-3-6 《唐女郎鱼玄机诗》 影宋刻本 正文墨色印版

第三章 工艺流程

图书是记录和传播知识的工具,而作为中国古代"四大发明"之一的印刷术,则是图书的一种重要生产技术,具体来说,它是把图文转移到载体之上的复制技术。按照出现的先后顺序来看,中国古代的印刷术大致可概括为雕版印刷、活字印刷与套色印刷三种技艺。扬州是中国印刷术重要的发源地和成长地,历经千年风雨,扬州传统刻书之脉未曾断绝,时至今日,仍然完整保存着全套的雕版、活字、套色等中国传统印刷工艺流程,并实现了创造性转化和创新性发展。

第一节 雕版印刷

雕版印刷也叫整版印刷。2009年,"中国雕版印刷技艺"入选"人类口头和非物质遗产代表作"。据中国非物质文化遗产网介绍:"雕版印刷技艺是运用刀具在木板上雕刻文字或图案,再用墨、纸、绢等材料刷印、装订成书籍的一种特殊技艺,迄今已有1300多年的历史,比活字印刷技艺早400多年。它开创了人类复印技术的先河,承载着难以计量的历史文化信息,在世界文化传播史上起着无与伦比的重要作用。"历经千年发展演变,扬州的雕版印刷工艺技术也日趋成熟完善(图3-1-1)。

图3-1-1 扬州广陵古籍刻印社历史传承照片

一、备料

选择适当的木料制成板材,再按需要准备好纸和墨,是雕版印刷的第一个环节。

1.备板。雕版印刷最初的工序是制板,包括选料、锯板、浸沤、干燥和平板。

选料。理想的雕版用材应具有耐印率高、吸墨与释墨性均匀的品质。为此,一般多选用梨木、枣木和梓木。皂荚木、黄杨木、银杏木、苹果木、杏木、白杨木与乌桕木也时有应用。这些树木硬度适中，纹理细密，质地均匀，易于雕刻，干湿收缩度不大，而且资源丰富，各地均可就地取材。

锯板。将木料除去小枝，选取有充分雕刻面积的树干，沿树干纵向直切，锯成约 2 厘米厚的木板。纵向直截不仅得到的木板面积较大，而且易于避开树材上的节疤和质地疏松的树心，中国刻书多采用这种顺纹法制作板片。而西洋木刻多取木纹横断面，宜于细刻，称为断纹法。

浸沤。将锯好的木板放在水中，上压重物，浸沤一月至数月，其间要数次换水，使木板体内的树脂溶解，干燥后不致翘裂，利于刊刻又易于吸墨释墨。浸泡时间夏季稍短，冬季稍长。存储年代久远的干燥木材可不必再作浸沤处理。

干燥。将浸沤后的木板平行码放在无直射光的通风干燥处，每层木板之间用粗细相等的长木条或竹片垫平，令其自然干燥。自然干燥期间应时常翻动检查，并不时将码垛的木板上下左右对调，以防干燥不均而扭曲变形。经此方法处理过的木板，容易干燥也利于刊刻。急用时可将木板放入大锅中煮三四小时，然后在背阳处阴干。

平板。将干燥后的木板上下两面刨平、刨光，截成略大于书叶版面的矩形；用植物油遍涂表面，再用芨芨草的茎部细细打磨平滑。

2. 备纸。现存古代纸卷书籍大多用大麻、苎麻、楮皮等制成,有时也采用藤、桑等材料。宋代以后,印刷开始使用以竹和禾本植物为原料所造的纸。历代著名的印刷用纸有苏州的"金粟纸"、福建建阳的"椒纸"、江西抚州的"萆钞纸"、湖北蒲圻的"蒲圻纸"、四川广都的"广都纸"、浙江嘉兴的"由拳纸"、江西永丰的"棉纸"、安徽宣州的"宣纸"和浙江开化的"开化纸"等。明清以来,普通图书使用竹制"毛边纸"与"太史连纸"印刷,"宣纸"和"开化纸"多用于印刷精美的作品。

3. 备墨。印刷用墨的制墨方法是:将粗松烟研细,加胶料和酒制成膏状,放入缸内存放三冬四夏,使臭味散去。存放时间越久,墨质越好。用时加水充分混合,用马尾筛过滤。另有红、蓝二色供初印样本使用。常见的红墨为朱砂和铅丹的混合剂,掺入白芨,用水蒸煮而成;或以苋菜制成液体,但色泽易褪。蓝墨为靛蓝所制,色泽经久不变。

二、雕版

将书写校对好的字纸反向贴在板面上,使板面显出清晰的反文。当刻工将板面上的空白部分用刻刀剔除,可用于刷印的雕版便形成了。具体步骤如下:

1. 写样。由擅长书法者将原稿誊写在极薄的白纸上,称为"写样"。纸用红色印制行格,称为"花格"。两行之间留有一行空白，每行三线，中线为每行的中准。如有双行小字，则以中线为界，另两线则为小字作中准。

2. 校正。纸样写成后，先作初校，如有错字，即在字旁用符号标明，将正字书于该行纸的上端。再将错字用刀挖除，重贴再写，二校后始成定样。

3. 上板。将校正的写样反贴于板面，使文字或图像呈反向显现于板面上，称为"上板"。又分为：

贴样法。板面先薄涂浆糊，然后将纸面覆贴，以扁平棕刷轻拭纸背，使字迹转现在板面上。待干燥后，用食指轻轻擦去纸背底层，以刷子拂去纸屑，再用芨芨草打磨，使板面上的字迹或图画显出清晰的反文。这种方法便于操作且字迹清晰，被人们普遍使用。

墨浸法。将纸样用浓墨书写，反贴于用水湿透的板面上，用力压平。待墨迹吸入板面后，将纸揭去。这种方法水量太少就不能吸墨，水量太多则会将墨溶解，字迹不如贴样法清晰。

4. 雕刻。雕刻就是将板上有墨迹的部分保留，刻去板上的空白部分，使有墨迹处形成约 1 毫米凸起的阳文反字（图 3-1-2）。雕版所使用的工具，大小、形状各异，功用不同，主要有木槌与刀、錾、凿、铲等刃具（图 3-1-3）。雕刻步骤（图 3-1-4）为：

发刀。开刻时先在字迹的周围刻划一刀，放松木面，

图 3-1-2 雕刻

图 3-1-3 雕版工具

a 上板

b 发刀

c 打空

d 拉线

图 3-1-4 雕版工序

称为"发刀"。

挑刀。以右手握刀,以左手拇指相抵,引刀向内而非推刀向外,然后在贴近墨迹的边缘再加正刻或实刻,形成字旁的内外两线。刻时先将直线刻完,再将木板横转,逐一刻横。先自左起,撇、捺、钩、点,逐一雕刻。然后将发刀周围的刻线与实刻刀痕二线之间的空白木面,用大、小剔空刀剔清,称为"挑刀"。

打空(剔空)。笔画挑成后,铲去行格间所余的空白板面。先用圆口凿以木槌轻敲柄尾,将无字处之空白木质铲去,成一浅槽,再用平口凿及小刀剔去未清之处并加修整,称为"打空"。

拉线。将板面四周的边框以及每行的行格用刻字刀削齐,称为"拉线"。为了保证线条平直,通常是用左手压住界尺,右手持刻刀依着界尺进行刊刻。

修整与水洗。最后将版片的四边锯齐,以刨子或铲刀加以修整,再用水洗刷版上所留的碎木及纸纤维残留物。

三、刷印

大面积着色要求对印版施加较大的压力。古代中国人巧妙地用毛刷对承印物背面施压,通过连续拭刷获得良好的印质。

刷印时先将雕版用粘板膏固定在案桌上,将纸平置于旁。印刷者手持圆刷蘸适量墨汁均匀涂于雕刻凸起的版面（图3-1-5），随即以白纸平铺其上，再用狭长的长刷轻轻拭刷纸背，然后将印好的纸张从版上揭下晾干，这时纸上的文字或图画已成为正向（图3-1-6~图3-1-9）。

印刷时一般先以红墨或蓝墨印出初样，作为末校之用。如刻字有错或行格损裂，可加以修补。如果只有一两个错字，挖去错字成一刻槽，另削成木块用槌嵌入挖空的槽内，以铲铲平，再描反字重刻。如果错字较多，则把一行、数行刻字尽数剜去，另补木条铲平重刻，乃至将版面刨平重刻。挖补或修正后之改样，再次校对，如无错误，即成定本用墨付印。一块雕版印完之后，换上另一块雕版继续重复上面的操作过程，直至全部雕版印刷完毕。

图3-1-5 敷墨

第三章　工艺流程

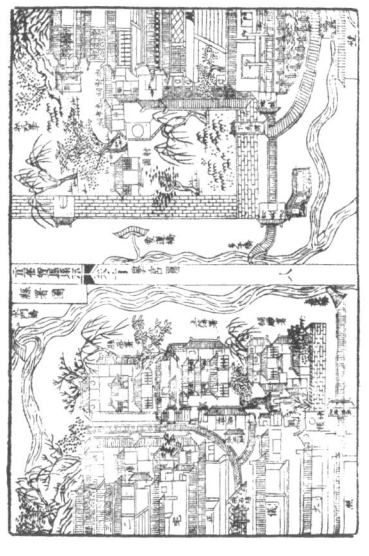

图 3-1-7　《重修宝应县志》刷印书叶

图 3-1-6　《重修宝应县志》雕版

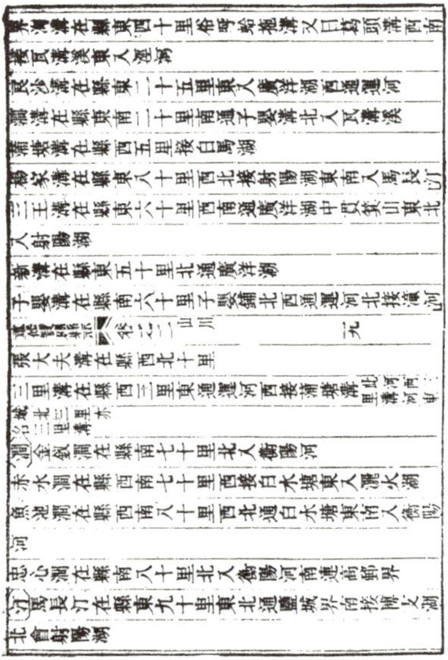
界河溝在縣東四十里俗呼蛤拖溝又曰葛頭溝西南
接瓦溝溪東入涇河
良沙溝在縣東二十五里東入廣洋湖西通運河
澗溝在縣東南二十里南通子嬰溝北入瓦溝溪
蒲塘溝在縣西五里接白馬湖
楊家溝在縣東八十里西北接射陽湖東南入馬長汀
三王溝在縣東六十里西南通廣洋湖中貫箕山東北
入射陽湖
新溝在縣東五十里北通廣洋湖
子嬰溝在縣南六十里子嬰鋪北西通運河北接瀇河
重修寶應縣志 卷之二 山川 九
張大夫溝在縣西北十里
三里溝在縣西三里東通運河西接蒲塘溝此河西里溝河東
城北三里亦名三里溝
澗 金釵澗在縣南七十里北入衡陽河
赤水澗在縣西南七十里西接白水塘東入灑火湖
魚池澗在縣西南八十里西北通白水塘東南入衡陽
河
忠心澗在縣南八十里北入衡陽河南連高郵界
汀 馬長汀在縣東九十里東北通鹽城界南接博支湖
北會射陽湖

图 3-1-9 《重修宝应县志》刷印书叶

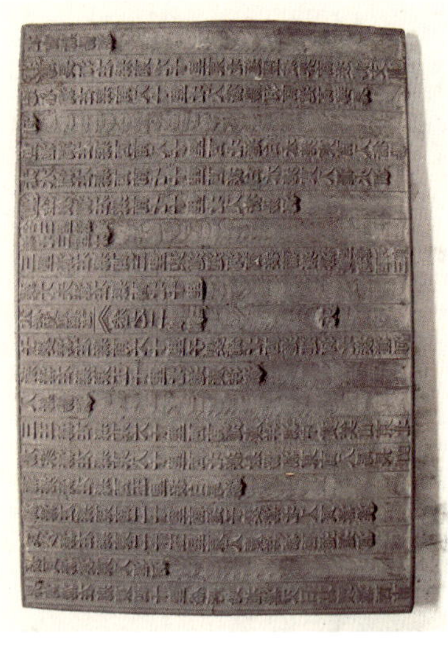

图 3-1-8 《重修宝应县志》雕版

四、版式

传统中国印本的书叶只印一面,每张书叶上有特定的形式与线条。雕版印本书叶的典型版式构成如下(图3-1-10):

书叶。按文稿顺序排列的书写、印制的单张纸叶。

版心。书叶左右对折的正中、在折叶时取作中缝标准的条状行格。雕版印刷的书籍版心通常印有书名、卷次、叶码,有的还印有一版文字总数、刊刻机构以及刻工姓氏等。

象鼻。版心中央有一黑线,有粗有细,以此线为准进行折叶,因形似象鼻,故名。

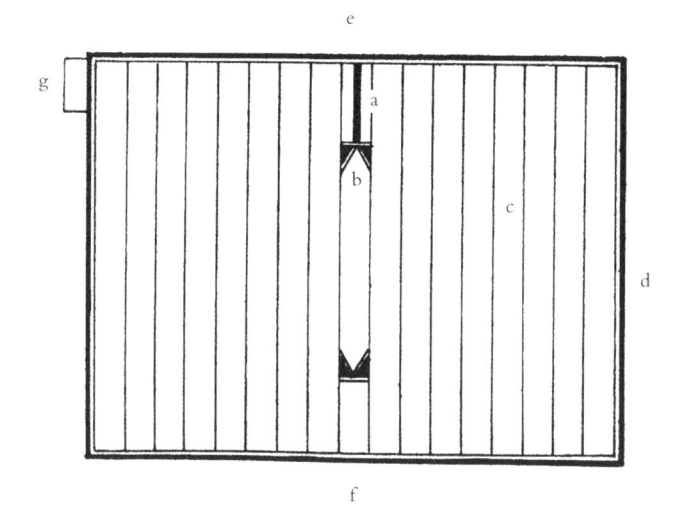

图3-1-10 雕版印本书叶典型版式(a象鼻;b鱼尾;c界行线;d栏线;e天头;f地脚;g耳子)

鱼尾。版心中缝处为便于折叠书页而刻的记号,因形似鱼尾,故名。黑的称"黑鱼尾",白的称"白鱼尾",双股线的称"双线鱼尾",作花瓣状的称"花鱼尾"。同时,只刻一个的称"单鱼尾",刻两个的称"双鱼尾"。

行款。书中正文的行数、字数。

界行线。书叶上区分行与行之间的细线。

版框。书叶正面图文四边的围栏。

栏线。书版四周构成版框之界线,单栏为一粗线或一细线,双栏或为一粗一细两线俗称"文武边",或为双细线,又有形似竹节的竹节栏、以花纹组成的花栏、以"卍"(俗称"万字不到头")组成的"卍"字栏,以古器物图纹所组成的博古栏等。

天头。图文或版框上方的空白处。

地脚(下脚)。图文或版框下方的空白处。

耳子。刻在左栏上角的小长方格子,内多刻本书小题。

第二节 活字印刷

由于雕版印刷术每印一叶书就要雕造一块书版,造成人力、物力浪费很大,于是到了11世纪中国北宋庆历年间(1041—1048),有一位叫毕昇的人就发明了活字印刷术。根据目前存世的活字实物、活字印本与有关文献记载,我们获知活字印刷术问世900多年来,一直处于发展变化的过程中。近年来,扬州地区的能工巧匠正在努力"复活"传统活字印刷技艺(图3-2-1)。

图3-2-1 《唐诗三百首》 活字暨雕版印本

一、造字

1.材料。在制字材料方面,据文献记载,中国古代曾使用过泥、木、锡、铜、铅等活字,而朝鲜曾使用过木、陶、铜、铅、铁、瓢等活字。德国谷登堡使用的是铅合金活字,这种活字人们习惯称之为"铅活字"。

2.方法。在制字方法方面,木活字自然只能刻字,但元代王祯是先刻字后分割成活字,而清代金简(?—1794)是先制成木子(小木块)后刻成活字。泥活字在毕昇时代是一个一个刻上去的,但清代翟金生泥活字有以字模翻制而成的。目前金属活字在制造方法上,存在着刻字还是铸字的争议。从现存金属活字印本上看,在同一部书中的重复之字,常常有明显的区别,学者们据此推测,现存金属活字印本大多为镌刻而非铸造的。但这一推论是建立在重复之字仅用同一字模铸造的假设上,若重复之字的字模是一组，浇铸出的活字自然会有同文不同形者。因而，若要判断金属活字是直接镌刻的，还是用字模铸造而成的，不应只在一书中寻找有区别的重复之字，而应在同一叶上尽可能寻找完全没有区别的文字，因为这样的活字有可能是铸造的。总之，金属活字制字方法目前尚无定论，有待考证。

3. 字型。从外观上看，毕昇发明的泥活字应是与雕版上的文字一样，为阳文反字，其后从回鹘文木活字（图3-2-2）直至谷登堡的铅合金活字也是如此。例外的是清代吕抚印其自著《精订纲鉴二十一史通俗衍义》（图3-2-3）使用的泥活字，被称为"字母"，是阴文正字，类似于铸字用的字模。

图 3-2-2　回鹘文木活字

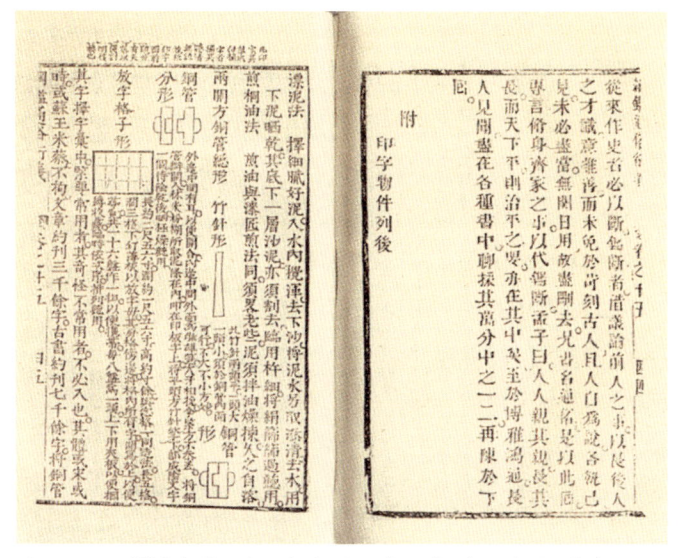

图 3-2-3 《精订纲鉴二十一史通俗衍义》 清吕抚活字泥版印本

二、排印

1. 制版。从排印方式上看,中国古代多是用活字摆成一版而直接刷印的,但到了清代雍正末乾隆初,即1736年前后,吕抚制造阴文正字的泥"字母",用来压制阳文反字在泥版上而再刷印上纸,这是活字与整版相结合的印刷方式,如果不考虑字体因素及多人同时排印等情况,理论上无须造重复字就可排版刷印书籍。而从毕昇起直接用活字来排版刷印,就要将常用字"之""也"等重复多造一些,不然几乎连一版书也排印不出。古人称用活字摆成一版而直接刷印的版为"活版"或"活字版",吕抚用泥"字母"压制成阳文反字在泥版上而再刷印上纸,泥版已为整版,因而吕抚之法克服了活字版不能保留整版的最大弊端,为世界已确知的泥版印刷之始。如果排除材料的因素,可以说18世纪吕抚的活字泥版刷印术,在排印方式和制版技术上,拥有其同时代最先进的理念。

2. 刷印。无论是用泥、木、锡、铜、铅活字排成的活字版,还是吕抚用泥"字母"压制成的泥版,刷印方式与雕版没有多大差别,但清乾隆年间金简主持排印《武英殿聚珍版丛书》,采用的刷印方式却是具有独创性的。基本程序是:先用刻有版框、行格的梨木"套格版"刷印成格纸,然后将摆入"槽版"的活字套印在格纸上,即边栏、文字是两次刷印而成的,这是早已出现的多色套版印刷术的活用。这种边栏整版与文字活版套印的方式后来也有人效法运用,如清光绪二年(1876)北京聚珍堂活字印本《红楼梦》(图3-2-4)

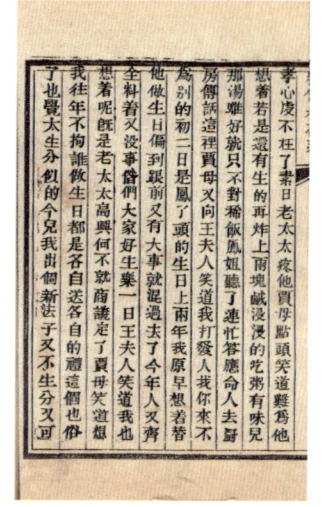

图 3-2-4 《红楼梦》 清光绪二年(1876)北京聚珍堂活字印本

就是仿金简法印制的。

3. 贮字。活字的贮字方法自古各异。宋代毕昇泥活字是按韵排列，存放在木格里；元代王祯木活字依韵将字放入两个有转轮的排字盘里，一人坐中间，以字就人，取字归字，均可转轮完成；清代吕抚泥"字母"依汉字部首存入字格；清代金简木活字依《康熙字典》部首排列字序，用木柜存放。

近些年来，扬州地区的出版单位和能工巧匠们通过不断探索，全面"复活"传统活字印刷技艺，以泥、锡、铜、木活字及木版与瓷版印制了《唐诗三百首》等经典名著（图3-2-5~图3-2-12）。

图 3-2-5 《唐诗三百首》书名叶　活字暨雕版印本

图 3-2-6 《唐诗三百首》制作人员名录　活字暨雕版印本

图 3-2-7 《唐诗三百首》卷一　木版印本

图 3-2-8 《唐诗三百首》卷二　泥活字印本

图 3-2-9 《唐诗三百首》卷三　锡活字印本

图 3-2-10 《唐诗三百首》卷四　铜活字印本

图 3-2-11 《唐诗三百首》卷五　瓷版印本

图 3-2-12 《唐诗三百首》卷六　木活字印本

第三节 套色印刷

如果要刷印两色或两色以上的多色图文，如评点本、纸币、地图、年画、墙纸、契约纸、信笺和书画等，需采用套色印刷。中国传统上有单版复色、套版、饾版、拱花等套色印刷方法。

一、单版复色印刷

单版复色印刷的备板、备纸、雕版等步骤与普通雕版印刷术没有多大差别，而所用彩墨与套版印刷术相近，只是刷印时是在一块版上的不同部位涂刷不同的颜色，一次印成（图 3-3-1）。

二、套版印刷

将不同颜色的部分分别刻成符合规格的版，逐次印到一张纸上，称为"套版复色印刷"，简称"套版印刷"，也可称为"分版复色印刷"。套版印刷发明的初期，主要用朱、墨两种颜色刷印，称为"朱墨套印本"，以后进

图 3-3-1 《程氏墨苑》 明万历程氏滋兰堂刻彩色印本

一步发展出三色（图 3-3-2）、四色、五色等更多颜色的套印图书。各色套版一般大小相同。

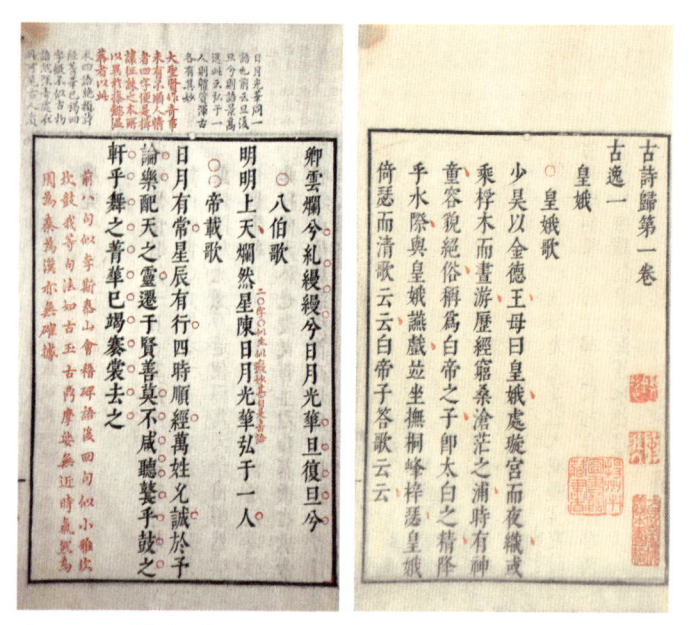

图 3-3-2 《古诗归》 明闵振业刻三色套印本 扬州市图书馆藏

套版印刷是由雕版印刷直接发展而来的，因而在备制木板、雕刻技艺等方面与普通雕版印刷基本上是相同的，所不同的有以下几方面：

1. 备墨。

黑墨。套版印刷黑色印墨可用与普通雕版印墨相同的松烟墨,但价虽廉却无光;也可用油烟墨,价虽高却色泽黑亮持久。油烟是以燃烧鱼油、菜籽油、豆油、大麻籽油、芝麻油、桐油、石油等取得,其中桐油得烟最多,墨色黑而光,久则日黑一日。

彩墨。多以常见的国画颜料,如朱砂、藤黄、黄丹等加入动物胶或白芨胶等配制而成。若为石性颜料如石青、朱砂等,则放入内层无釉的碗或盆内,加入适量的水与溶化后的动物胶或白芨胶,用表面粗糙的棒状物品进行研磨,至其与胶、水融合,短时间不发生分层即可使用。若为有机颜料如靛蓝等,则加入适量的动物、植物胶,稍加研磨便可使用。制好的颜料经过滤后使用为佳。

2. 制稿。

分色。一幅完整的彩色套版印刷作品,需要用两块或多块印版经多次套印才能完成,所以誊写之前需要对原稿进行分色。具体方法是:根据分版的数量,将待印书稿的正文、注解或其他内容用不同的颜色进行誊抄。这种誊写用纸除了事先画有写字用的花格,还有提高套版精度用的明确标记,如边框线或十字线等。

摹写。将两种或多种颜色写成的稿件作为复制原稿,在原稿上覆盖专用的摹写纸,这种摹写纸的透明度较高,可以清晰地看见下面原件上的文字。摹写时一定要使摹写纸与原稿相对固定,不得发生位移。摹写时要根据原稿的用色，一种颜色摹写一张。摹写完成后校对无误，便成摹写稿。

3.上板雕刻。

在经过刨平、截割、磨光的木板上均匀地刷一层稀浆糊，将摹写稿有字迹的一面朝下平贴到木板上。不同颜色的摹写稿分别粘在不同的木板上，贴好后让其自然晾干。干燥后轻轻擦去纸背多余纤维，使板面显出清晰的反文墨迹，然后分别进行雕刻。套版的雕刻手法与普通雕版基本相同。

4.刷印。

印刷台。套版印刷通常在特制的印刷台上进行（图3-3-3）。这种印刷台由固定在一起的两块台板组成，中间留一缝隙，用来晾放印过的纸张。操作者坐在中间偏左的位置。

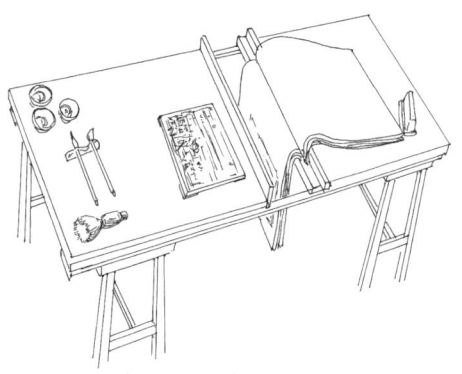

图3-3-3 套版印刷工作台

固纸。由于必须保证每块印版都能准确地套印在预定的位置，印刷用纸通常以硬木压纸杆固定在靠近中缝右边的印刷台上。

对版。对版法采用传统的摸对法。即事先在第一张纸的背面用笔画出每块套版的应在位置，对版时左手将纸拉平，右手在纸下移动套版，并不时地用右手在纸背上向下摸按套版，当纸背上凸出的印痕与事先画在纸背上的套版位置重合时，套版的位置也就基本对准了。

固版。待印套版一般以沥青或蜡固定在印刷台的左边，固定好后可以试印一张，根据情况作适当调整。一块套版印完后，用木榔头敲击侧面，使套版与印刷台面分离。然后换上另一块套版，经对版后，用同样的方法固定。

着色。正式上色前先用清水湿润套版，然后刷上待印的颜色。着色要一版一色，一色一刷，少蘸多刷，不留积色。

施印。揭纸一张，覆于已着色的套版上，再轻轻以毛刷于纸背拂刷，版上颜色就转印到纸上了。

晾干。刷印完成后，将纸从套版上揭起，放到台板中间的空隙处，使纸自然下垂晾干。一块套版印完之后，待色干后换上另一块套版继续重复上面的操作过程，直至全部套版印刷完毕。

三、饾版印刷

饾版印刷是一种在套版基础上发展而来的采用分版复色叠印的印刷工艺,因由多块大小不同印版拼凑而成,犹如饾饤将食品拼花堆叠,故名。这样印出作品的颜色浓淡深浅、阴阳向背,几与原作无异(图3-3-4)。

1. 备料。

板材。饾版印刷的板材根据待印画面而有不同的选择,细如发丝的线条需用木质硬而纹理细的黄杨木,有时为了刻意表现山石的粗糙,可采用木纹较粗的杂木。浸沤、干燥、平板的过程与普通雕版相同。只是在准备雕刻前,根据饾版画面的大小将木板截割成大小合适的板材。

纸张。主要选用洁白光滑、吸水性强的宣纸。

图3-3-4 饾版及饾版印刷作品《盛唐飞天》 扬州广陵古籍刻印社

颜料。所用彩色颜料与国画颜料相同，其中多数为矿物颜料，混以桃树胶脂或动物皮胶，用水调匀。各种颜色调配尽量与原作相同（图3-3-5）。

图 3-3-5　2019 年己亥重刊《十竹斋笺谱》色彩原料　广陵书社雕版印刷传习所刘坤团队

2. 雕版。

设计。对图画原作的色彩多寡和色调深浅等变化情况，先进行剖析，再设计分色、分板。分板数目少则两三块，多则数十以至上百上千。

勾描。选用透明薄纸放在原作上，根据分色分板情况分别描绘，作为雕刻的原稿。

上板雕刻。饾版的上板程序与雕刻手法与普通套版基本相同（图3-3-6）。

3. 刷印。

刷印是饾版印刷作品质量控制的最后一道工序。印刷者必须不拘成法，有悟性，方能使印刷出的作品不失笔墨之趣。饾版所用印刷台（图3-3-7）以及固纸、对版、固版、晾干等步骤与普通套版印刷基本相同，所不同的主要有：

湿纸。在含有适量水分的生宣纸上进行印刷，可克服

图 3-3-6 2019 年己亥重刊《十竹斋笺谱》雕刻工具　广陵书社雕版印刷传习所刘坤团队

图 3-3-7 2019 年己亥重刊《十竹斋笺谱》工作台　广陵书社雕版印刷传习所刘坤团队

湿版干纸印刷的弊病，并将中国书画作品中的神韵表现得淋漓尽致。湿纸可直接用嘴喷出水雾使纸张湿润。喷水量的多少，依待印画面的滋润漫渍、干枯瘦劲等效果而定。纸张喷水后要用油布蒙盖浸闷半天，令水分渗透均匀。

着色。颜色用毛笔上色，主要是按原作色彩的浓淡、深浅在套版上着色。

施印。将固定在印刷台上的纸张逐一揭起，铺在着色的版面上，用毛刷于纸背拭刷，并视原作色彩的浓厚和笔法的粗细，施以轻重缓急的压力。有时先印某色，干后再印他色；有时必须在颜色干燥之前立即加印他色，才能显出颜色的层次和深浅，以便充分表现出中国书画作品的技巧与神韵，这是其他印刷技术所无法媲美的（图3-3-8）。

图 3-3-8　2019年己亥重刊《十竹斋笺谱》饾版及饾版印刷作品　广陵书社雕版印刷传习所刘坤团队

一块印版印完之后,将印刷台中缝中的纸张全部翻回到印刷台面的右侧,换上另一块印版,经对版、固版后,重复上面的印制过程,直至全部套版印刷完毕。

四、拱版印刷

拱版也称"拱花",是一种美术与技术相结合的印刷方法(图 3-3-9、图 3-3-10)。

拱版有两种方法:

图 3-3-9 2019 年己亥重刊《十竹斋笺谱》拱花版 广陵书社雕版印刷传习所刘坤团队

图3-3-10　2019年己亥重刊《十竹斋笺谱》拱花饾版印刷作品　广陵书社雕版印刷传习所刘坤团队

平压法。用一块板片雕刻凹形花纹,用纸平铺其上,施加压力,在纸面上显现凸出的花纹。

双夹法。用两板分别雕刻阴阳花纹,印时以纸夹在两版之间,版合起来后,即在纸面压出凸出的花纹。

拱版印法在中国有17世纪上半叶的印刷品原件存世,而在18世纪中叶以后凸版花纸才在德国出现,至1796年在英国注册专利,所以拱版印刷中国早于欧洲至少100多年。

第四章 文脉绵延

第四章 文脉绵延

第一节 经典传承

中国是印刷术的起源国,中国早期发明的印刷术是雕版印刷术,而扬州是中国雕版印刷的发祥地之一。目前,在文献记载中,扬州出现印刷术最早的时间是不晚于唐长庆四年十二月十日,即825年初,那一年元稹为白居易《白氏长庆集》作序,自注中称,扬州、越州一带有人将白居易和自己的诗文"缮写模勒,衒卖于市井"。而现存最早的扬州刊刻书籍,当为北宋雍熙二年(985)吴守真捐刻本《金刚般若波罗蜜经》。由此可知,扬州刻书已有上千年的历史。时至今日,扬州所刻书存世量有多少?学术界对其刻印质量有何评价?原本有否重刻、再版、数字化?学者们通过阅读、整理、研究产生了哪些新的成果?

自2007年中华古籍保护计划启动实施以来,全国古籍普查登记工作被列为此项计划的首要任务,"全国古籍普查登记基本数据库"就是普查工作的重要成果之一。今天,我们可以利用数据库,通过每部古籍的身份证——"古籍普查登记编号"和相关信息,较全面了解中国古籍的存藏情况。至 2020 年 11 月 30 日，此库累计发布 264 家单位古籍普查数据约 82.5 万条 797.3 万册。馆外用户可进行检索，在版本项输入淮东、两淮、扬州、维扬、邗江、广陵、江都、高邮、甘泉、真州、仪真、仪征、宝应、淮南书局等与现辖区域有关的古今地名，共检索出总计 6316 条记录。这个数据不是很准确，因为各收藏单位并未按统一要求著录每部书的版本。如查找清嘉庆九年（1804）阮元刻自著《积古斋钟鼎彝器款识》，共检索出 16 条记录，但版本中很少出现"扬州"，多见的是自刻、阮元、阮氏等，或不出现出版者，以此推算，扬州刻书的存藏量应该多出不少。

著名版本目录学家赵万里先生主编的《中国版刻图录》（图 4-1-1），是一部系统反映中国雕版印刷成就的大型

图 4-1-1 《中国版刻图录》 文物出版社 1990 年版

书影图谱集。全书汇辑中国唐代到清代有代表性的善本图书550种，可以说是中国现存版刻精华之荟萃。其中刻版地区标"扬州"的9种，分别为：元（后）至元五年（1339）扬州路儒学刻本《石田先生文集》，清康熙四年（1665）紫阳书院刻本《铁桥志书》，清康熙三十九年（1700）自刻本《虹峰文集》，清康熙四十五年（1706）扬州使院刻本《隶续》，清康熙四十六年（1707）扬州诗局刻本《全唐诗》，清雍正九年（1731）陆氏水云渔屋刻本《南宋群贤诗选》，清雍正十一年（1733）般若庵刻本《冬心先生集》，清嘉庆七年（1802）阮元刻本《钟鼎款识》，清咸丰七年（1857）文碎堂刻本《新刻东调珍珠塔传》；标"江都"的1种，清嘉庆八年（1803）秦氏石研斋刻本《列子解》。书中点评《隶续》"纸墨装潢，俱臻上乘"，《全唐诗》"写刻工致，为康熙间写刻本杰作"，《南宋群贤诗选》"此书开化纸印，尤为精丽"，《钟鼎款识》"神采墨色，俱臻上乘"。这些刊印本能够入选此图谱集，说明扬州刻书质量精良，在中国传统刻印书籍的镌刻技法、版面风格和装帧艺术等方面具有代表性。

"中华再造善本工程"是2002年正式立项实施的国家重点文化工程，由财政部、文化部共同主持，中国国家图书馆具体承办，用影印方式大规模复制现存稀见善本古籍，使其化身千百，为学界所应用，为大众所共享。

《中华再造善本》全套书共收书1341种，其中收录扬州刻书有：宋嘉定六年（1213）淮东仓司刻本《注东坡先生诗》，宋嘉定六年淮东仓司刻景定三年（1262）郑羽补刻本《注东坡先生诗》，宋乾道九年（1173）高邮军学刻绍熙三年谢雩重修本《淮海集》（图4-1-2~图4-1-4），

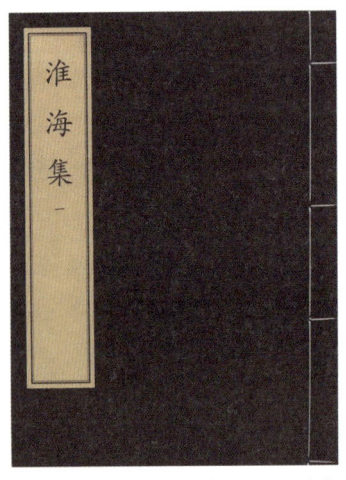

图4-1-2 《淮海集》封面 《中华再造善本》

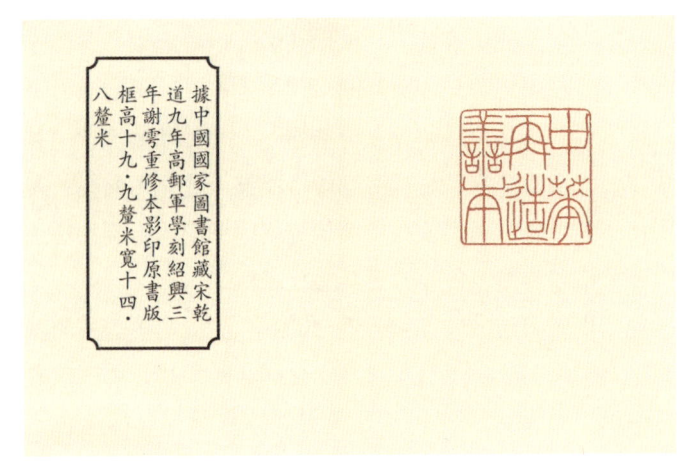

图4-1-3 《淮海集》牌记 《中华再造善本》

图 4-1-4 《淮海集》目录 《中华再造善本》 影印宋乾道九年（1173）高邮军学刻绍熙三年（1192）谢雩重修本

元(后)至元五年(1339)扬州路儒学刻本《石田先生文集》，清郑燮写刻本《板桥集》。此外，有些早期扬州刻书原本已失传，其现存较早的重刊本也入选《中华再造善本》中。如成书于东汉的《说文解字》是中国的第一部字典。《说文解字》最早刻本当推北宋雍熙三年（986）国子监刻本，此本实际是由徐铉领衔主持完成的，同时也是由他亲手写样上板的。徐铉是五代宋初文字学家，扬州广陵人。此国子监刻本早已不存于世。现存较早的宋刻元修本实为南宋初期杭州地区刻元修补本。与此同时，徐铉之弟徐锴所著

《说文解字韵谱》初刻本为北宋雍熙四年（987）陈文颢刻本，此本也是由徐铉亲手书写篆文和籀文等而上板开雕行世的。陈文颢刻本目前也已不存于世，现存较早的版本有元延祐三年（1316）种善堂刻本。另外，被称为"中国科学史的坐标"的《梦溪笔谈》早期有宋乾道二年（1166）扬州州学刻本，现存最早版本为元大德九年（1305）陈仁子东山书院刻本《古迂陈氏家藏梦溪笔谈》。宋刻元修本《说文解字》、元刻本《说文解字韵谱》《古迂陈氏家藏梦溪笔谈》能够流传至今，又皆入选《中华再造善本》，都离不开扬州刻书的早期贡献。今天，"中华再造善本工程"中影印出版的珍贵古籍善本已全部进行图像数字化，并建成"中华再造善本数据库"，可为广大读者提供数字化阅读服务。

《国家珍贵古籍名录》（图 4-1-5）是由国务院及文化和旅游部公布的我国现存珍贵古籍目录，旨在集中人力、财力，对浩瀚古籍中具有特别重要文献价值、文物价值、艺术价值的古籍予以重点保护。自 2007 年中华古籍保护计划启动实施以来，经过各馆申报和专家评审，截至目前，共公布六批《国家珍贵古籍名录》，其中有南宋高邮军学刻本《淮海集》、南宋淮东仓司刻本《注东坡先生诗》、元扬州路儒学刻本《石田先生文集》、明江都郝梁刻本《张文潜文集》、清扬州诗局刻本《全

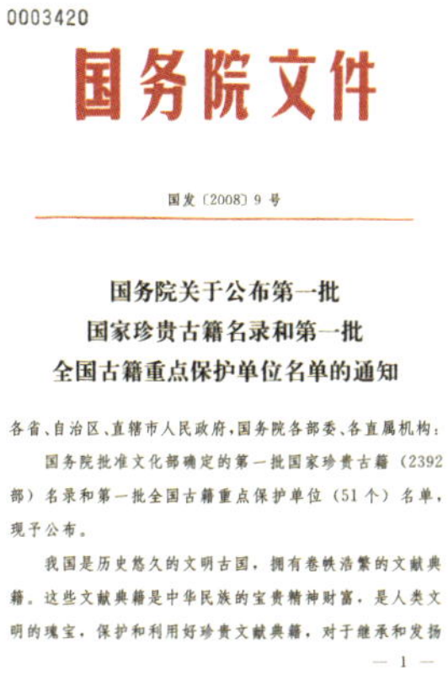
0003420

国务院文件

国发〔2008〕9号

国务院关于公布第一批
国家珍贵古籍名录和第一批
全国古籍重点保护单位名单的通知

各省、自治区、直辖市人民政府，国务院各部委、各直属机构：

国务院批准文化部确定的第一批国家珍贵古籍（2392部）名录和第一批全国古籍重点保护单位（51个）名单，现予公布。

我国是历史悠久的文明古国，拥有卷帙浩繁的文献典籍。这些文献典籍是中华民族的宝贵精神财富，是人类文明的瑰宝，保护和利用好珍贵文献典籍，对于继承和发扬

— 1 —

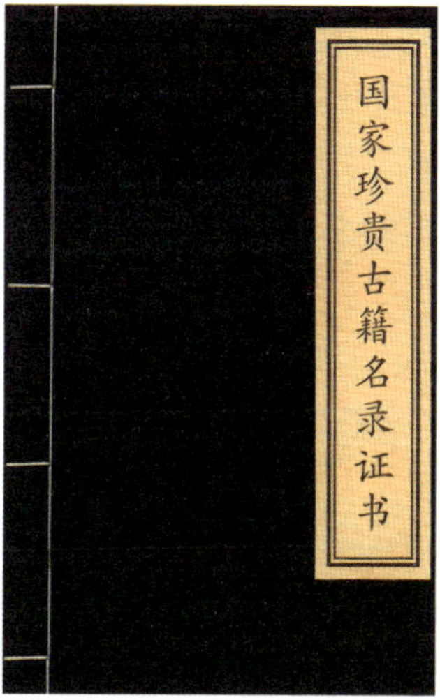

图 4-1-5　国务院文件及《国家珍贵古籍名录证书》

唐诗》、清高邮王氏刻本《广雅疏证》、清淮南书局刻本《大戴礼记补注》等宋元明清历代扬州地区刊刻的珍贵古籍，这些珍本秘籍现分藏于全国各地的图书馆。

近年来，不断有学者对扬州历代所刻书籍进行系统研究整理，取得了不少学术成果。如在标点校注方面，徐培均笺注《淮海集笺注》由上海古籍出版社出版，此书以宋乾道九年（1173）高邮军学刻《淮海集》为底本。再如岳麓书社出版的《魏源全集》收录了整理点校本魏源《海国图志》百卷本，此次整理，以咸丰二年（1852）古微堂刻百卷本为底本，参校道光五十卷本和六十卷本，以及其他

通行版本。与此同时，对扬州刻书内容进行研究的专题论著不断涌现。著名文字学家容庚先生（1894—1983）毕生致力于金文（即古代铜器上的文字）研究，撰有《钟鼎款识述评》专文。清代学者认为，宋本上的青铜器铭文都是从原器上拓下来的。容庚先生认为有部分似是原拓，其余不太可靠。可惜宋拓原本毁于火，无法进一步探讨研究。另外，中国美术学院李霖的博士论文《阮元与嘉道时期浙地金石学风尚》，对阮元所刻《钟鼎款识》《历代钟鼎彝器款识法帖》及编纂《积古斋钟鼎彝器款识》等书详情进行了深入研究。而秦宝庭编著《淮海集研究》共八册，其中包括《淮海集版本研究（上、下）》《淮海集考异（上、下）》《淮海居士长短句版本研究》《淮海居士长短句考异》《淮海词谱图谱画谱考》《淮海先生事迹考》，书中介绍了从宋代至今《淮海集》版本43种、《淮海居士长短句》版本148种，使读者对秦观作品的传播过程有了清晰而全面的认识。

2006年5月，由江苏省扬州市申报的"雕版印刷技艺"入选经国务院批准文化部确定的第一批国家级非物质文化遗产名录，保护单位为扬州广陵古籍刻印社。2009年，"中国雕版印刷技艺"被列入联合国教科文组织公布的人类非物质文化遗产代表作名录。此项目申报工作是由扬州广陵古籍刻印社、南京金陵刻经处、四川德格印经院三家单位联合申报的。在此前后，出现了不少研究扬州刻书历史和刻书技艺的成果，其中专业文章有曾学文的《扬州刻书年表》、安徽财经大学朱燕的硕士论文《扬州雕版印刷技艺的传承探究》、刘向东的《活字印刷重要史料——〈古籍刻印业务资料〉释读》等。专题著作或相关著作中的专章也有不少，如王澄编著的《扬州刻书考》、扬州中国雕版印刷博物馆编著的《雕版印刷》，而徐忆农所著的《中国古代印刷图志》有"附编：扬州与中国传统印刷术"，赵昌智所著的《江苏地方文化史·扬州卷》有"雕版印刷"一章。

总之，扬州刻书之所以经历千年风风雨雨，最终迈入了"世界非遗"的殿堂，就是因为在不断追求技艺提升的同时，时常选择传世经典为刻书和整理研究内容，因而可以穿越时空，跨越千年，带着传承者的使命走向新世界。

第二节　域外流芳

2009年，"中国雕版印刷技艺"被列入联合国教科文组织公布的人类非物质文化遗产代表作名录。据中国非物质文化遗产网介绍："雕版印刷技艺……迄今已有1300多年的历史，比活字印刷技艺早400多年。它开创了人类复印技术的先河，承载着难以计量的历史文化信息，在世界文化传播史上起着无与伦比的重要作用。"此项目申报工作是由扬州广陵古籍刻印社、南京金陵刻经处、四川德格印经院三家单位联合申报的,而金陵刻经处创办于清同治五年(1866),德格印经院建立于雍正七年(1729),因此,中国雕版印刷技艺从发明到在世界各地传播的1300多年历史显然与扬州关系更为密切。

1300多年前,中国正处于唐代前期。唐代扬州农业、商业和手工业相当发达,出现了大量的工场和手工作坊。扬州是南北粮草、盐、钱、铁的运输中心和海内外交通的重要港口,曾为都督府、大都督府、淮南道采访使和淮南节度使治所,领淮南、江北诸州。在以长安为中心的水陆交通网中,扬州始终起着枢纽作用。唐代扬州和大食(阿拉伯)交往频繁,侨居扬州的大食人数以千计。侨居扬州的客商主要来自波斯、大食、新罗、日本等国。960年,北宋建立,农业、手工业迅速发展,商业进一步繁荣,扬州再度成为中国东南部的经济、文化中心,与都城开封相差无几。元、明两代,扬州经济发展加快,到扬州经商、传教、从政、定居的外籍人日渐增多,其中仍以波斯人和阿拉伯人为最。清代,扬州城市人口超过50万人,成为当时中国八大城市之一,也是18世纪末、19世纪初世界十大城市之一。

据著名的历史地理学家史念海(1912—2001)先生介绍,扬州在唐代为全国最大的经济都会,当时有"扬一益二"之称（益州为成都古称）。唐代扬州能够繁荣，是有各种原因的，地理条件应该是其中的一种。唐代前期扬州距海不远，扬州城郭下可以见到海潮，海船可以直达城下，是对外贸易口岸。当时长江入海口附近，尚未能有其他港口可以代替扬州。长江在当时既流经扬州城下，又与运河成交叉点，这就对扬州城的交通有极大的方便，必然会促进扬州城的繁荣。唐代扬州作为对外贸易的重要口岸，由扬州直接乘海船前往域外的，或由域外直达扬州都大有人在。玄宗天宝十二年（753）鉴真东渡就是由扬州起碇的。文宗开成三年（838）日僧圆仁莅中国求法，也是首先到达扬州的。

在传世文献中，中外学者陆续整理发现的有关早期雕版印刷的文字记录材料里，有不少与扬州密切相关。据《续日本纪》记载，日本天平宝字八年（764），称德天皇发弘愿造一百万个高四寸五分的三重小木塔，每塔内藏《陀罗尼》，分置十所大寺院保存，完工时间为神护景云四年（770）。日本学者木宫泰彦、秃氏祐祥指出，此次印制《百万塔陀罗尼》是据中国传来的印制技术实现的。秃氏祐祥还进一步认为754年东渡日本的唐代鉴真（688—763）大和尚及其一行人传授了这种技术。目前，原刻《陀罗尼》及安放《陀罗尼》的木塔都有实物存世。再如唐长庆四年十二月十日，元稹为白居易《白氏长庆集》所作序中记载，扬州、越州一带有人将白居易、元稹的诗文"缮写模勒，衒卖于市井"。此时为825年初，这里的"模勒"二字，不少学者即释为雕版印刷，但学术界尚存在许多不同的看法。又如宋代类书《册府元龟》记载：（唐文宗太和）九年十二月丁丑，"剑南两川及淮南道皆以版印历日鬻于市"，此时为835年末，当时淮南道的治所在扬州，说明扬州地区已大量以雕版印刷历书。以上记载都早于现存世界上最早的有确切刻印日期的印刷品——唐咸通九年（868）刻《金刚经》，若可采信，使印刷史上所知的确切时间可向前推几十年。而从日本名僧圆仁著《入唐求法巡礼行记》等相关文献中，我们可以获知圆仁于承和五年（838）在扬州的寺院抄写了《杭越寄和诗集并序》一卷，此为白居易与元稹等人的唱和诗集，说明白居易、元稹的诗当时的确在扬州地区广为流传。与此同时，圆仁还以四百五十文购得《维摩关中疏》四卷，因书价较低，仅相当于当时抄本书价的十分之一，有学者推测此本可能是刻印本而非手抄本。如果圆仁所购书真为刻印本，就为扬州唐代已有雕版印刷术另添了一条独特的证据。

据美国印刷史研究专家卡特先生的《中国印刷术的发明和它的西传》一书中介绍，1880年，在阿拉伯世界腹地埃及考古发掘出土物中，发现了50张左右的印刷品，文字通常都用阿拉伯文，但有一张加印有埃及科普特文雕版印刷的时间,大概上起900年下至1350年。这些印刷品是中国、中亚和欧洲之间几乎唯一的同时期印刷术的实物证据。中国学者分析研究这些考古资料后表示,唐宋时期中国和阿拉伯世界交往如此频繁,来华的阿拉伯商人如此之多,如他们聚居的扬州就是印刷很发达的地方,所以很难设想没有任何传播的可能。也就是说,印刷术通过阿拉伯商人从扬州向西传播的可能是存在的。

回望历史,扬州很可能是中国印刷术向海外传播的地区之一。除此之外,千百年来,扬州刻书陆续刊行后,也不断向海外传播。如现存最早的扬州刊刻书籍,当为北宋雍熙二年(985)吴守真捐刻本《金刚般若波罗蜜经》,目前仅知日本京都清凉寺藏有一部,由日本高僧奝然(938—1016)于雍熙三年(986)六月自宋携归。清代,《海国图志》六十卷本刊行不久,就很快于1851年传入日本;而此书百卷本问世后,也陆续有多部传入日本。从1854年至1856年仅仅三年之间,日本翻刻出版的《海国图志》校订本、训点本与日文译本等各种选本就达20余种之多,这种现象在世界各国文化交流史上都是极其罕见的。《海国图志》五十卷本于1845年就传至朝鲜,此后又有多部传入,并很快引起朝鲜思想界以及部分官员的重视。至1876年朝鲜开港,从清朝传入到朝鲜不少"新出奇书",《海国图志》就是其中影响颇大的一部。此书唤醒了朝鲜一部分有识之士，在近代朝鲜社会中涌现出爱国图新、经世至用的新思潮，为朝鲜开化思想的形成奠定了基础。

时至今日，随着文化交流的不断深入和科技进步的日新月异，我们可以通过图书报刊和互联网，检索扬州刻书在世界各地的存藏情况，同时探寻扬州刻书传递的思想精华在海外学界所产生的影响和取得的成果。例如，通过《日本藏汉籍善本研究》一书，我们知道北宋文学家秦观诗文词作品合集最古的版本，为《淮海集》四十卷《后集》六卷《长短句》三卷；宋乾道九年（1173）高邮军学刻本，今藏日本内阁文库，现已被确定为"日本重要文化财"；从《朝鲜时代书目丛刊》一书，我们获知奎章阁是朝鲜时代的王家图书馆，现存《奎章总目》为1781年撰本，此目著录"清康熙时通政使曹寅等奉敕纂"《全唐诗》一百二十本；在《法兰西学院汉学研究所藏汉籍善本书目提要》中，可查找到清乾隆四十八年（1783）刻本《高邮州志》，清康熙四十六年（1707）扬州诗局刻本《全唐诗》。在《梵蒂冈图书馆所藏汉籍目录》中，著录有阮元编撰《畴人传》《积古斋钟鼎彝器款识》，虽皆为清末石印本，但二书都源于扬州阮氏刻本。而通过网站发布的书目，我们可检索出日本的东京大学、京都大学、早稻田大学、庆应义塾、关西大学、奈良大学等高等院校图书馆，以及国立国会图书馆、大阪府立中之岛图书馆、酒田市立图书馆、名古屋市蓬左文库、静嘉堂文库等数十家公私立图书馆与藏书机构所藏扬州地区刻印的中文古籍，其中如东京大学东洋文化研究所藏扬州地区历代刊行图书就有625条记录。另外我们还可检索出美国的哈佛大学、普林斯顿大学、加州大学伯克利分校、耶鲁大学、堪萨斯大学、伊利诺伊大学、华盛顿大学等高等院校图书馆，以及美国国会图书馆藏有扬州地区刻印的中文古籍，其中以加州大学伯克利分校东亚图书馆藏宋乾道九年（1173）高邮军学刻宋元明递修本《淮海集》（图4-2-1）较为珍贵。另能够检索出

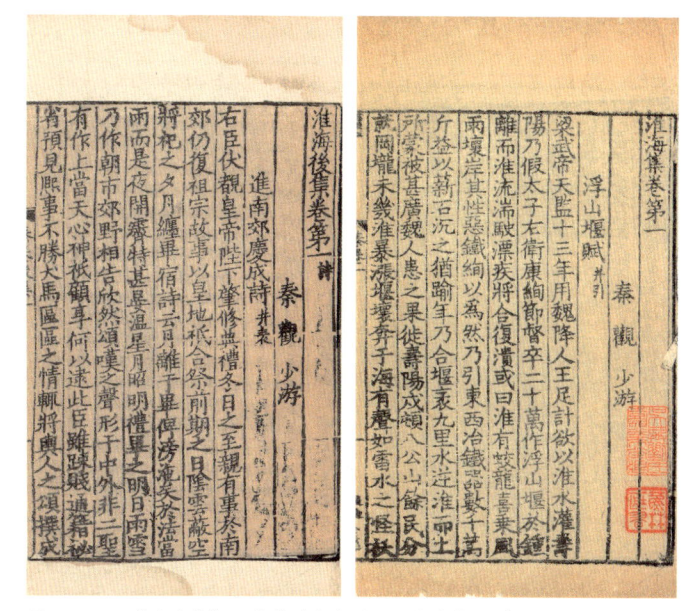

图 4-2-1 　《淮海集》　宋乾道九年（1173）高邮军学刻宋元明递修本

新加坡国立大学图书馆、比利时皇家图书馆、德国巴伐利亚邦立图书馆所藏扬州地区刻印的中文古籍。与此同时，我们还可以在部分域外图书馆网站阅览扬州地区刻印的中文古籍全文影像，如日本早稻田大学图书馆藏清代仪征李斗编印的《扬州画舫录》（图4-2-2）、清代麟庆撰《鸿雪因缘图记》，其中后者由麟庆之子在扬州觅得良工刊行（图4-2-3）。又如美国哈佛大学图书馆藏清代两淮盐运使赵之璧主持编印的《平山堂图志》（图4-2-4）等。由

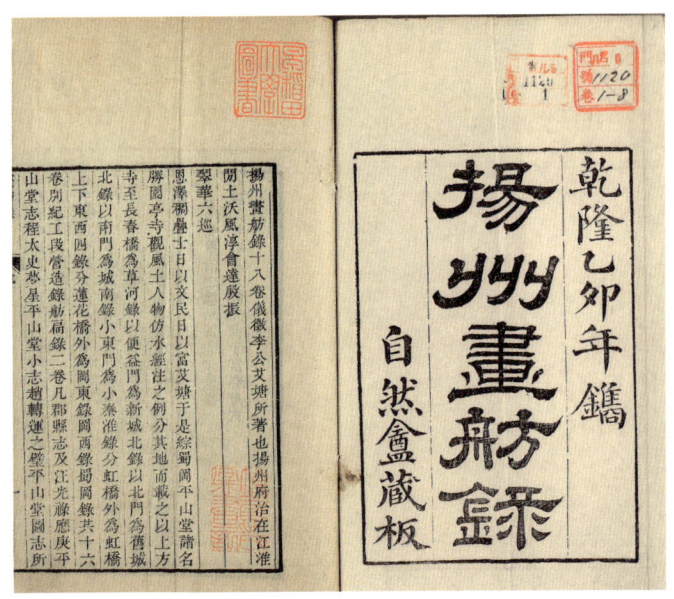

图4-2-2　《扬州画舫录》　清乾隆六十年（1795）刻后印本

图 4-2-3 《鸿雪因缘图记》 清道光扬州刻本

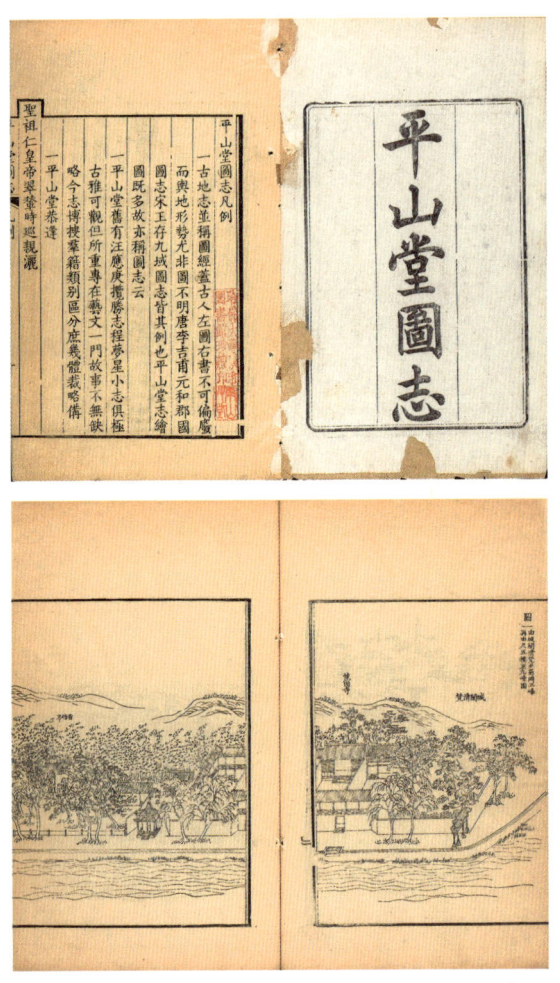

图 4-2-4　《平山堂图志》　清乾隆三十年（1765）刻本

此可知,扬州刻书已翻越千山万水,走向世界各地。

扬州在古代就闻名于世,域外很早就出现了与扬州历史文化有关的著作。如早在与中国唐代同一时期,日本僧侣真人元开撰有《唐大和上东征传》,记述鉴真渡海传法之事,鉴真自幼即入扬州大云寺为僧,最后又从扬州出发东渡日本传法;其后圆仁撰有《入唐求法巡礼行记》,圆仁在中土留居十载,在扬州住了半年多,书中按日记体裁记其所见所闻的经历。时至今日,有关扬州历史文化的域外专著有美国梅尔清著《清初扬州文化》、美国史景迁著《曹寅与康熙:一个皇帝宠臣的生涯揭秘》、美国魏白蒂著《清中叶学者大臣阮元生平与时代》、丹麦易德波著《扬州评话探讨》、澳大利亚安东篱著《说扬州:明清商业之都的沉浮》,而美国艾尔曼著《从理学到朴学:中华帝国晚期思想与社会变化面面观》中有"阮元的学术赞助"专门章节。这些专著都直接或间接利用了扬州刻书的成果,也对扬州刻书的内容有较为深入的分析研究,使扬州刻书所承载的思想精华走向世界,走向未来(图4-2-5)。

图 4-2-5　雕版印刷技艺参加 2009 年德国法兰克福书展

总而言之,扬州刻书已走过千年辉煌历程,无论是其刻印技艺,还是所传递的思想内容,都是人类文化宝库中的瑰宝,相信通过不断的探索和努力,扬州刻书的文化基因会实现永续传承。